LA PSYCHIATRIE AU TOURNANT

DU MÊME AUTEUR

AUX MÊMES ÉDITIONS

Signification humaine du rire, *1950*

Montaigne par lui-même, *1951*
coll. « Écrivains de toujours »

La vraie vérité, *suivi de*
La récrimination, *1954*

Sartre par lui-même, *1955*
coll. « Écrivains de toujours »

L'Algérie hors la loi, *1955*
en collaboration avec Colette Jeanson

Lignes de départ, *1963*

La foi d'un incroyant, *1963*
coll. « Points Sagesses », 1976

Lettre aux femmes, *1965*

Le problème moral et la pensée de Sartre, *1965*

Simone de Beauvoir ou l'entreprise de vivre, *1966*

L'action culturelle dans la cité, *1973*

Sartre dans sa vie, *1974*

Éloge de la psychiatrie, *1979*

CHEZ D'AUTRES ÉDITEURS

La phénoménologie, *Téqui, 1952*

Notre guerre, *Minuit, 1960*

La révolution algérienne,
problèmes et perspectives, *Feltrinelli, 1962*

Discours sans méthode,
entretiens avec Henri Laborit, *Stock, 1978*

EN PRÉPARATION

« Quotidienne morale »

FRANCIS JEANSON

LA PSYCHIATRIE AU TOURNANT

ÉDITIONS DU SEUIL
*27, rue Jacob, Paris VIe*

ISBN 2-02-009751-6

A tous les psychiatres, à tous les soignants dont l'ouverture d'esprit, la lucidité et le quotidien combat contre des difficultés de tous ordres m'ont donné envie d'écrire ces pages.

Mode d'emploi

Depuis mon premier essai sur la psychiatrie, sept ans se sont écoulés. Sept ans durant lesquels j'ai pu étendre et approfondir ma perception du champ psychiatrique, de ses réalités humaines et pratiques, puisqu'il m'a été donné d'y poursuivre sans interruption les deux formes d'activité qui étaient déjà les miennes depuis 1975 : *stages de formation permanente* pour l'ensemble des personnels psychiatriques [1], *séminaires théoriques* pour les psychiatres en formation (CES de psychiatrie de l'université de Lyon). Sept ans, aussi, durant lesquels la psychiatrie publique a connu une évolution sans commune mesure avec celle des vingt années précédentes : du moins si l'on veut bien considérer que, après la « révolution » chimiothérapique des années cinquante, le seul événement marquant avait été la proclamation officielle, en 1960, d'une *sectorisation* rendue hélas fort improbable par la nature même des moyens qui lui étaient consentis.

En 1979, certaines perspectives me semblaient certes préférables à d'autres, mais leur mise en œuvre sur le terrain demeurait tributaire de conjonctures locales particulièrement favorables, dans la mesure où elle nécessitait le recours à des formules juridico-administratives dont les chances de généralisation étaient à peu près nulles. A cet égard, les différentes mesures intervenues durant ces dernières années ont profondément modifié les données de base de la sectorisation : d'une certaine manière, elles ont tendu à remettre sur ses pieds une psychiatrie publique qui avait été un

1. Dans le cadre de l'INFIPP, puis dans celui de la SOFOR (Sud-Ouest Formation Recherche) à partir de 1984.

peu trop longtemps conviée à marcher sur la tête. Reste à s'interroger sur les motivations qui ont inspiré ces quelques réformes et sur les caractéristiques du virage qui est par là même imposé à l'ensemble du dispositif. D'où le titre de ce nouvel essai...

Mon premier titre était ambigu, le second l'est aussi : est-ce ma faute si la réalité n'a point cessé de l'être ? J'essaierai donc de préciser, tour à tour ou simultanément, en quoi le tournant actuel constitue la seule chance d'avenir de la psychiatrie et en quoi cette même psychiatrie est désormais « attendue au tournant », sommée de redéfinir et d'assumer clairement sa spécificité dans une société en pleine évolution.

Quant aux « impressions » que je m'étais précédemment permis de livrer sur le fonctionnement quotidien de la machine institutionnelle, je les prolongerai ici sous la forme d'une analyse plus méthodique : une sorte d'état des lieux – lieux symboliques autant que lieux réels, lieux parfois même imaginaires.

*

Une ou deux indications préalables, dans l'espoir de limiter le nombre de malentendus – ou l'ampleur de certaines déceptions :

1. Je n'aborderai pas tous les problèmes qui se posent aujourd'hui dans le champ psychiatrique, mais seulement ceux d'entre eux à propos desquels il me semble avoir quelque chose à dire, quelque orientation à privilégier. Sur les autres, mes opinions risqueraient d'être superficielles, ou trop incertaines ; sans parler des cas où je n'ai pas d'opinion du tout... A titre d'exemple, le secret médical, l'existence d'un secteur privé dans les hôpitaux font partie des problèmes que je m'abstiendrai de traiter, bien qu'ils ne m'apparaissent évidemment pas négligeables.

2. Quand on n'est ni psychologue ni psychiatre ni psychanalyste, sans doute la sagesse consiste-t-elle à se garder de toute prise de position concernant la dimension proprement psychique de la maladie mentale et de l'action thérapeutique : il va de soi qu'à cet égard je ferai de mon mieux. Mais, n'étant pas non plus un technocrate, et n'ayant aucun goût pour les discussions sur les moyens sans référence aux fins poursuivies, ni pour l'analyse des pratiques indépendamment de leur sens, je crains bien de ne pouvoir dissimuler jusqu'au bout le vif intérêt que je porte, notamment, à toute la réflexion contemporaine sur la psychose, comme sur l'émergence du psychisme et sur les temps forts de son développement. D'autant qu'il m'arrive encore de penser que, spécialistes ou profanes, professionnels ou simples citoyens, nous sommes tous, en fin de compte, foncièrement concernés par ces réalités-là...

*

Un point capital me reste à préciser, qui n'est pas sans rapport avec la remarque précédente : à qui ce livre s'adresse-t-il ? La question est centrale : peut-on parler le même langage, employer les mêmes termes, argumenter de même façon à l'intention, par exemple, de lecteurs non avertis, de soignants et de gestionnaires ? Si je veux que des infirmiers puissent me lire, ne devrai-je pas sacrifier plus ou moins la réelle complexité de certains problèmes, et ce souci de simplification ne va-t-il pas me faire apparaître simpliste aux yeux des médecins ?

Ma réponse est nette : j'ai choisi de m'adresser simultanément aux uns et aux autres, aux uns autant qu'aux autres ; et de ne consentir, ce faisant, à aucun sacrifice au niveau du sens... C'est un pari, bien sûr, mais très précisément du même ordre que celui dont me semble aujourd'hui dépendre le sort de la psychiatrie publique : élaboration d'un langage commun, d'une culture commune, entre ses différents acteurs ; instauration d'un véritable dialogue entre les techniciens et les usagers, entre les équipes soignantes et les populations concrètes.

Quant à mon propre pari, j'ai en tout cas une raison toute personnelle de m'y engager et de le soutenir : car je serais bien incapable de démêler, dans ce que je vais tenter de dire ici et dans le projet même de le dire, ce que je dois à mes rencontres avec tel ou tel infirmier, avec tel ou tel interne, assistant, médecin chef ou professeur de psychiatrie, avec tel ou tel attaché de direction ou directeur d'hôpital. De sorte qu'il me semblerait tout à fait incongru de m'adresser ici aux uns plutôt qu'aux autres, ou de tenir aux uns et aux autres des discours différents.

I

LE TOURNANT

1

Le balisage par les structures

J'évoquais plus haut les vingt années de relative stagnation qui ont suivi la fameuse circulaire du 15 mars 1960, unique fondement de la psychiatrie de secteur : nous aurons tout à l'heure à préciser les raisons pour lesquelles la psychiatrie publique est presque partout demeurée, durant cette période et en dépit de l'injonction officielle, une psychiatrie hospitalière, résolument centrée sur l'hôpital.

Remarquons toutefois que la principale motivation de cette circulaire – il faut soigner les personnes atteintes de troubles mentaux en évitant autant que possible de les arracher à leur milieu de vie – était étroitement liée à une critique déjà presque traditionnelle du fonctionnement même de l'hôpital : ce qui était depuis longtemps reproché à l'hospitalisation, ce n'est pas seulement de désocialiser de façon beaucoup trop durable des personnes qu'on avait ensuite les plus grandes difficultés à resocialiser, c'est de ne s'éterniser ainsi qu'à force de n'être pas soignante. Le rapprochement de certains textes, par-delà les décennies, apparaîtra peut-être significatif :

> Il ne faut pas perdre de vue que la plupart des malades mentaux posent des problèmes médico-sociaux importants qui ne sont pas réglés par l'hospitalisation, et même que l'hospitalisation rend plus aigus encore *(circulaire du 15 mars 1960)*.

> Un asile de traitement ne devrait pas contenir plus de deux cents malades. Nos grands asiles sont défectueux au point

> de vue du progrès scientifique. Et ce n'est pas sans raison qu'on a pu dire qu'ils étaient des *fabriques d'incurables.* Les guérisons sont bien plus fréquentes dans les premiers mois de traitement que par la suite. Elles seraient plus nombreuses si le médecin avait la possibilité de s'occuper activement des malades récemment admis. Le placement à domicile permettra en partie de tendre vers cet idéal. L'asile deviendra une maison de traitement et ne sera plus une garderie de fous (docteur Bonnet, médecin chef de l'asile de Saint-Robert, le 10 juillet 1900 [1]).

En fait, c'est tout au long de ce siècle que des psychiatres – et pas seulement en France – ont dénoncé les graves inconvénients des hospitalisations prolongées. On a parlé d'« institutionnalisme », de « maladie institutionnelle », d'« hospitalisme », d'« hospitalite » et d'« hospitalose », on s'est préoccupé de soigner l'institution pour lui permettre de devenir effectivement soignante – et c'est à Sullivan, sauf erreur, qu'est due cette appréciation selon laquelle « un service de psychiatrie peut être, à son insu, diaboliquement organisé pour rendre la maladie incurable ». Il y eut aussi, à la Libération, la découverte assez traumatisante des ravages que la faim et le froid avaient faits, dans un bon nombre d'asiles, durant les quatre années de guerre ; cependant qu'ailleurs, sur l'heureuse initiative de certains responsables, des quantités de malades mentaux avaient été « libérés », qui ne semblaient ni s'en être portés plus mal ni avoir gravement perturbé les populations environnantes...

*

Au niveau des principes, le thème central de la sectorisation – « séparer le moins possible le malade de sa famille et de son milieu » – ne pouvait donc être considéré, en 1960, comme vraiment révolutionnaire. Ce qui risquait de l'être, par contre, c'est l'ensemble des changements requis par sa mise en œuvre,

1. Dans un rapport adressé au préfet de l'Isère. Le texte complet en a été reproduit dans *l'Information psychiatrique*, avril 1984.

tant au niveau des structures de financement et de gestion qu'à celui des styles de fonctionnement des différentes catégories professionnelles concernées. De toute façon, les ministères successifs ne semblaient pas trop pressés d'affronter ces problèmes, et il fallut attendre encore une douzaine d'années pour voir surgir les premiers textes d'application et pour que commencent à se préciser les moyens qui permettraient à la psychiatrie publique de s'affirmer comme psychiatrie de secteur.

Or la conception même de ces moyens apparut d'emblée marquée par une sorte d'humour, sans doute involontaire :

1. Comme la Sécurité sociale refusait de prendre en charge les dépenses extra-hospitalières, en considérant qu'il s'agissait de prévention et non de soin, le financement en fut assuré, dans chaque département, à la fois par le Conseil général, qui votait le budget et donc qui en fixait le volume, et par l'État, qui lui remboursait en moyenne 83 % des sommes ainsi allouées aux différents secteurs. Résultat immédiat, plutôt inquiétant pour un service public national : les disparités de moyens financiers entre départements ont atteint, certaines années, des proportions considérables (de 1 à 37, selon un rapport ministériel de 1980).

2. Comme les hôpitaux sont des établissements publics autonomes, il parut tout indiqué de leur confier la gestion de l'extra-hospitalier et des moyens budgétaires correspondants : ce qui revenait à leur demander de bien vouloir faire hara-kiri en favorisant, alors que leur propre équilibre budgétaire reposait précisément sur le plein emploi de leurs lits, une forme d'activité appelée à réduire très sensiblement le nombre et la durée des hospitalisations.

3. Comme les deux budgets demeuraient toutefois radicalement séparés, non seulement chaque lit qui se vidait représentait une perte sèche pour l'hôpital, mais le montant du prix de journée ainsi économisé par la Sécurité sociale ne pouvait être utilisé pour couvrir les dépenses extra-hospitalières : de sorte qu'il n'y avait aucune difficulté à hospitaliser quelqu'un pendant des années, au tarif par exemple de mille francs par jour (prix moyen actualisé), mais qu'il était en revanche impossible de dégager le tiers ou le quart de cette somme pour le soigner, avec plus de chances d'efficacité, en l'aidant à se resituer dans son milieu de vie.

4. Comme enfin, pour faire bonne mesure, la gestion des personnels appelés à fonctionner en extra-hospitalier avait elle aussi été déléguée à l'administration hospitalière, le risque était grand de voir celle-ci leur imposer un type de discipline et des formes de contrôle assez peu compatibles avec la souplesse et la marge d'initiative requises par le travail au sein d'une population ; c'est en effet ce qui s'est malheureusement produit dans un trop grand nombre de cas.

*

Ainsi l'asile d'aliénés, rebaptisé « hôpital psychiatrique », puis « centre hospitalier spécialisé », avait-il les plus grandes chances de demeurer longtemps encore un lieu de vie bien plus qu'un lieu de soin. Sans doute le rendement du système, thérapeutiquement parlant, était-il plutôt dérisoire. Mais les pouvoirs publics avaient pris de mauvaises habitudes, durant une assez longue période de croissance économique : quand les moyens disponibles augmentent d'une année sur l'autre, on a tendance à croire qu'il suffira de dépenser davantage demain pour remédier aux insuffisances d'aujourd'hui. Et si d'éternels insatisfaits s'obstinaient à déceler certaines aberrations dans la politique officielle de la santé mentale, ne suffisait-il pas de leur opposer l'existence, ici ou là, de quelques réussites notoires – en omettant d'observer qu'elles avaient précisément été obtenues en dépit du système et que, bien loin de le cautionner, elles en signifiaient au contraire la radicale inadéquation ?

En bref, jusqu'en 1979, le rapport « qualité-prix » ne parut point figurer parmi les préoccupations premières de notre administration centrale. Et puis, soudain, tout bascula : l'intendance ne suivait plus – et c'est alors que, au nom de la qualité, bien sûr, on se préoccupa de réduire le prix.

Ainsi s'employa-t-on à redécouvrir, puisque l'hôpital devenait financièrement insoutenable, qu'il n'était pas thérapeutiquement défendable. Le ministre de la Santé demanda à ses services de procéder à une « enquête », laquelle fut « menée à bien avec une rapidité dont l'administration n'est guère coutumière ». Enquête, poursuivait Claire Brisset dans *le Monde* (3 octobre 1980), qui aboutit à « des jugements d'une rare sévérité » – « peut-être parce que ce document est d'usage interne ». Tellement interne, même, que dans les vingt-quatre heures le ministre en fournissait publiquement le commentaire, dans une table ronde aux entretiens de Bichat ; tellement interne que les conclusions en avaient été préfigurées un mois plus tôt par une série de quatre articles publiés dans *le Monde* (2, 3, 4 et 5 septembre), sous le titre général : « Faut-il raser les hôpitaux psychiatriques ? »...

A cette dure question, à vrai dire « vieille », « classique » et « traditionnelle », mais subitement devenue plus « actuelle » que jamais, des voix autorisées avaient depuis longtemps répondu par l'affirmative. On le leur fit redire : « Nous savons aujourd'hui que les grands hôpitaux psychiatriques ont vécu ; c'est une formule périmée » (professeur Jean Sutter). « Dans leur style actuel, ils sont inacceptables » (docteur René Angelergues). « C'est un système carcéral, où toute action thérapeutique est stérilisée » (docteur Claude Olievenstein). « Ce sont des structures totalitaires, qu'il faut fermer » (professeur Jacques Hochmann). « Il y a une surdétérioration asilaire » (docteur Stanislas Tomkiewicz). « A l'hôpital psychiatrique, le malade se détruit lentement, c'est un temps de non-vie, un continent à l'écart, une machine pathogène » (docteur Bernard de Fréminville). Ancien conseiller du ministre de la Santé, le professeur Serge Lebovici clôturait cette série de condamnations en confirmant qu'il était lui aussi favorable à la « fermeture de ces immenses concentrations ». Mais c'est peut-être à M. Bellini, cadre infirmier supérieur à Ville-Évrard, que l'on devait déjà la définition la plus ravageuse : « Il n'existe, dans la vie du malade mental à l'asile, que deux " actes thérapeutiques " : l'entrée, et la sortie – quand elle a lieu. Tout le reste est du remplissage. »

Grâce à l'appoint d'un certain nombre de descriptions concrètes, les esprits ne pouvaient plus manquer de s'ouvrir à la « prise de conscience » que souhaitait déclencher M. Jacques Barrot. Ainsi allait-il se sentir plus à l'aise pour révéler à l'opinion publique la dramatique incohérence de la doctrine officielle, voire la totale absence de politique, en matière de santé mentale, depuis la circulaire de 1960. Résumant les principaux points du rapport, *le Monde* venait en effet de constater : « Aucun secteur de la politique sanitaire ne s'est développé, depuis vingt ans, dans une telle anarchie, une telle indifférence, un tel aveuglement collectif. » Et de citer, à titre d'illustration, ces quelques lignes décisives : « Dans un même secteur, l'équipe médicale s'efforce d'éloigner les malades de l'hôpital alors que les responsables administratifs cherchent à les y maintenir. » Cette fois, tout était clair, la cause était entendue – et l'essentiel pouvait enfin se dire, à savoir qu'il était devenu particulièrement urgent *de supprimer au moins 40 % des lits d'hospitalisation psychiatrique.*

*

Sans doute put-on enregistrer, dans les jours ou les mois qui suivirent, quelques tentatives de plaidoyer en faveur de l'institution hospitalière : mais les arguments avancés n'étaient guère d'ordre thérapeutique, et l'on s'y préoccupait plutôt, soit du manque de solutions de rechange (notamment pour les personnes âgées ou les malades trop longuement chronicisés), soit des éventuelles conséquences d'une réduction des lits sur les diverses catégories de personnels psychiatriques.

Cette dernière inquiétude se trouvait d'ailleurs partagée par un groupe de psychiatres (parmi lesquels Lucien Bonnafé, Jean Demay, Tony Lainé) plutôt connus pour leur orientation désaliéniste et leur attitude militante au service d'une psychiatrie dans la cité. En fait, il s'agissait pour eux de dénoncer une certaine confusion au niveau des objectifs. Rappelant plusieurs « mesures autoritaires prises en cascade depuis dix-huit mois » et visant à réduire encore des personnels déjà insuffisants, ils analysaient la nouvelle position ministérielle dans les termes suivants : « C'est encore cette même volonté de compression globale des dépenses (...) qui fonde, derrière un vocabulaire humanitaire et réformateur, la décision de suppression massive de lits » (*le Monde,*

29 octobre 1980). Tant il est vrai qu'une motivation risque toujours d'en cacher une autre...

Sur la nécessité, en tout cas, d'en finir avec les méfaits de l'hospitalisation systématique, un assez large consensus semblait bien s'être établi parmi les psychiatres du service public. Et le ministère n'avait manifestement pas mis la barre trop haut en fixant à 40 % du total le nombre de lits qu'il jugeait inutiles : ainsi le docteur Baillon, de Ville-Évrard, préconisait-il le remplacement « au moins partiel (la moitié sur cinq ans) » des lits existants, au profit de « petites unités de soin ouvertes dans le tissu social de chaque secteur », – ce « demi-rasage » des hôpitaux psychiatriques lui apparaissant comme une solution minimum, dans un domaine où il ne fallait « ni trop faire ni trop peu [1] ».

Or donc la voie était ouverte : ce que n'avaient pu obtenir des dizaines d'argumentations à visée thérapeutique échelonnées sur près d'un siècle, les contraintes budgétaires allaient permettre de le réaliser presque immédiatement... Restait, tout de même, à en fixer les modalités : le calendrier de l'opération et les moyens légaux qui la rendraient possible.

Sur le second point, d'intéressantes dispositions avaient déjà été prises, plus de six mois avant le déclenchement de la campagne de presse. C'est le cas par exemple de la discrète loi du 29 décembre 1979, « relative aux équipements sanitaires et modifiant certaines dispositions de la loi du 31 décembre 1970 portant réforme hospitalière ». Elle autorisait en effet le pouvoir de tutelle à se substituer aux conseils d'administration des hôpitaux pour prendre toutes mesures « comportant éventuellement un nouveau programme, *la création ou la suppression de services, de lits d'hospitalisation* ou d'équipements matériels lourds ». Dans un premier temps, précise le texte, le ministre peut « demander au conseil d'administration d'adopter les mesures nécessaires » ; puis, « dans le cas où cette demande n'est pas suivie d'effet dans le délai de quatre mois, le ministre peut prendre les mesures appropriées aux lieu et place du conseil d'administration ». Quant à la mise en route officielle, sans doute estima-t-on plus sage de

1. Lettre au *Monde*, 17 octobre 1980.

n'y procéder que quelques mois plus tard, quand aurait été franchi le cap des élections législatives. Lesquelles, comme on s'en souvient, eurent pour conséquence l'entrée en scène d'une nouvelle équipe ministérielle...

*

Reste que l'étau des contraintes budgétaires avait plutôt tendance à se resserrer, et que l'évaluation du nombre de lits à supprimer fut à peu près la même que précédemment. Mais la politique qui allait désormais se dessiner se préoccupait d'emblée de répondre à certaines exigences que n'avait guère paru prendre en compte le projet de 1979-1980 : la véritable différence n'était pas repérable au niveau des chiffres, elle concernait l'esprit même de la démarche.

A cet égard, l'épisode du « rapport Demay » est doublement significatif : par le fait qu'aucune mesure décisive ne fut prise avant que le groupe de travail [1] eût remis son rapport, et aussi, bien sûr, par le contenu même du texte. Si j'en évoque ici certains aspects, c'est qu'il a très largement inspiré les importantes transformations qu'allait connaître la psychiatrie publique entre le mois de janvier 1983 et le mois de mars 1986.

Le titre, tout d'abord : *Une voie française pour une psychiatrie différente.* En quelques mots, c'est à la fois la volonté d'une véritable mutation et la prise en compte des spécificités nationales qui se trouvent d'emblée proclamées : un changement profond est devenu indispensable si l'on veut s'arracher à toutes les pesanteurs du passé, mais on exclut par avance toute solution chirurgicale (du type, par exemple, de la loi italienne de 1978). En fait, cette voie nouvelle est dans le droit-fil de la pratique psychiatrique de secteur (ou « psychiatrie communautaire »), dont elle vise à assurer et à légitimer la démarche :

1. Réuni à l'initiative du ministre, Jack Ralite, et composé d'une trentaine de personnes (psychiatres, psychanalystes, directeurs d'hôpitaux, infirmiers, juristes). Le document final, élaboré par les docteurs Jean et Marie Demay, est daté de juillet 1982 : n'ayant pas donné lieu à une diffusion systématique, il mit près d'un an à atteindre la plupart des médecins chefs de secteur.

- d'une part en la faisant échapper à la paralysante emprise du système hospitalier, d'où la nécessité d'en modifier les structures de financement et de gestion ;

- d'autre part en l'incitant à faire résolument appel aux ressources d'autonomisation du malade mental en même temps qu'aux potentialités de son environnement humain.

Ce dernier point ne se situe évidemment pas au niveau des structures et ne saurait donc faire l'objet de mesures directes, d'ordre gouvernemental ou législatif. Il relève d'une *éthique de la psychiatrie ;* et c'est peut-être là que réside le plus grand mérite du rapport : avoir eu le courage, en proposant un dispositif nouveau et remarquablement cohérent, de l'assortir d'emblée d'une exigence de cet ordre.

Pour le reste, les recommandations du groupe de travail, qui concernaient toutes les dimensions du champ psychiatrique, ne furent évidemment pas toutes retenues par l'Administration centrale. Mais il nous faut maintenant faire état des mesures effectivement prises, qui ont tout de même constitué une assez bonne approche de ce qu'Edmond Hervé désigna un jour comme la « seconde révolution de la psychiatrie de secteur », en référence à une « première révolution » constituée par la circulaire du 15 mars 1960 [1].

1. Instauration du budget global intra-hospitalier (loi du 19 janvier 1983, décret du 11 août 1983, circulaire du 29 septembre 1983). Ces textes organisent la substitution au prix de journée d'une *dotation globale,* sur laquelle les variations du volume d'activités de l'établissement seront sans incidence : « Ainsi, précise la circulaire, l'hôpital ne sera-t-il plus tenté, comme auparavant, de “ faire des journées ” pour obtenir davantage de recettes. » En ce qui concerne les CHS, cette réforme ne prendra effet qu'au 1er janvier 1985.

2. Dessaisissement des conseils généraux en matière d'initiative budgétaire (loi du 22 juillet 1983). Pour éviter que se

1. Discours du ministre à la session d'ouverture de la Commission des Maladies mentales, le 6 décembre 1983.

perpétuent les énormes disparités entre les budgets extra-hospitaliers des différents départements, l'initiative du financement est désormais confiée à l'État.

3. Programme de suppression ou de reconversion de 40 000 lits psychiatriques (loi du 24 décembre 1983, définissant les moyens d'exécution du IXe Plan de développement économique, social et culturel, programme prioritaire d'exécution no 11). Il s'agit de *réorienter le système de soins* « par une impulsion vigoureuse des actions de prévention, des services de soins sans hospitalisation, et par le recentrage de l'hôpital sur ses fonctions techniques ». Conséquence pour la psychiatrie : fermeture de 12 000 lits et reconversion de 28 000 autres (sous forme de « places » de soins ambulatoires et d'hébergements extra-hospitaliers mieux adaptés). Le texte précise que la fermeture des lits « devra se traduire par une reconversion du personnel vers des activités externes (consultations, hôpitaux de jour, services à domicile) ». Échéance pour la réalisation des objectifs du IXe Plan : 1988.

4. Mise en expérimentation d'une dotation globale de financement incluant les activités extra-hospitalières (discours d'Edmond Hervé les 15 mars et 14 novembre 1984). Quatre sites pilotes avaient été choisis : sur trois d'entre eux, les réticences des caisses d'assurance-maladie entravèrent le déroulement de l'expérience. Sur le quatrième (le CHS Bel-Air, de Charleville-Mézières), les excellents résultats obtenus entre octobre 1984 et mars 1985 prouvèrent qu'il est possible « de dépasser les pratiques hospitalocentristes dès lors que l'hôpital se voit confier la gestion globale de ses propres alternatives à l'hospitalisation ». En cinq mois, et à coûts constants...

il fut en effet possible :
- de fermer 80 lits ;
- de sortir de l'hôpital 80 malades, pour la plupart psychotiques ;
- de créer 6 nouvelles structures alternatives à l'hospitalisation ;

- de redéployer 39 agents sur ces alternatives, sur la base d'un volontariat ;
- de faire glisser 8 000 000 de F sur l'extra-hospitalier grâce aux économies réalisées sur l'hospitalisation [1].

Ainsi que l'avait d'emblée précisé le secrétaire d'État à la Santé, « tout l'intérêt de cette expérience est de rendre possible un transfert progressif des crédits provenant de l'assurance-maladie, et qui n'auraient pas été consommés grâce aux économies réalisées par la réduction des lits, pour les affecter à la prise en charge extra-hospitalière des malades, en provenance ou non de l'hôpital ».

5. *Reconnaissance officielle de la sectorisation psychiatrique et instauration d'un conseil départemental de santé mentale (loi du 25 juillet 1985, article 8).* Ce texte (en modifiant l'article L 326 du Code de la Santé publique) donne un statut juridique au secteur psychiatrique « dans sa double dimension intra- et extra-hospitalière ». Ainsi l'organisation de base de la psychiatrie publique (impliquant la possibilité d'assurer la continuité des actions de prévention, de diagnostic et de soin) se trouve-t-elle enfin reconnue par la loi, après n'avoir reposé pendant vingt-cinq ans que sur une simple circulaire.

Le même texte institue dans chaque département un nouvel organisme consultatif, les « conseils de santé mentale de secteur » prévus par une circulaire de 1974 n'ayant eu, dans la majorité des cas, qu'une existence de pure forme ou pas d'existence du tout.

6. *Prise en charge par l'assurance-maladie de l'ensemble des dépenses de sectorisation psychiatrique (loi de finances du 30 décembre 1985, article 79).* Cette mesure met fin à une longue série de négociations au cours desquelles les gouvernements successifs avaient vainement tenté de faire revenir la Sécurité

1. « La réforme de la psychiatrie publique », article de Jean-François Bauduret (Direction générale de la Santé), in *Informations hospitalières,* février-mars 1986.

sociale sur la distinction artificiellement maintenue entre soins et prévention.

7. Gestion par l'hôpital public de ses propres alternatives à l'hospitalisation (loi du 31 décembre 1985, précédée et suivie par les circulaires interministérielles du 6 décembre 1985 et du 22 janvier 1986). C'est la généralisation, à tous les établissements engagés dans des actions de sectorisation psychiatrique, de la formule de dotation globale ; mais cette fois sur la base d'un financement unique assumé par les caisses d'assurance-maladie, alors que l'expérience de Charleville-Mézières reposait encore sur la globalisation de deux sources de financement, l'État et l'assurance-maladie. Date fixée pour la mise en œuvre de cette mesure capitale : le 1er janvier 1986.

8. Dispositions précises concernant notamment les attributions, la composition et le fonctionnement du conseil départemental de santé mentale (décret du 14 mars 1986).

*

J'allais oublier la départementalisation... Mais non, ce n'était pas vraiment un oubli : disons que je n'avais nulle envie de brouiller la remarquable netteté de cet ensemble de mesures en y mêlant les tristes incohérences auxquelles donna lieu, durant quatre ans, la tentative d'appliquer à la psychiatrie de secteur *un modèle d'organisation conçu pour des services médicaux*.

Parlons-en tout de même. Au niveau des textes, il y eut tour à tour le *projet de décret* du 27 octobre 1982, la *loi* du 3 janvier 1984, l'*avant-projet de décret* du 9 mai 1984, le *décret* du 28 décembre 1984 et le *décret* du 6 décembre 1985 modifiant le précédent. Au niveau du sens, la définition la plus claire présente le « département » comme « un ensemble de moyens en personnels et en équipements qui groupe des disciplines médicales, chirurgicales, odontologiques, pharmacologiques ou médico-techniques, ou qui les associe entre elles ». A s'en tenir aux commentaires les plus autorisés, il semble que les promoteurs de cette formule visaient simultanément plusieurs objectifs :

- responsabiliser les différentes catégories de personnels ;
- améliorer la gestion des hôpitaux, en décloisonnant des services appelés à s'occuper tour à tour ou simultanément des mêmes malades, et en évitant les doubles dépenses en matière d'équipements techniques souvent fort coûteux ;
- substituer un fonctionnement de type collégial à un système fortement marqué par le mandarinat.

Mais du côté des mandarins, justement, on faisait bonne garde. Sur un point, en tout cas, le fiasco fut d'emblée total : le projet de 1982 avait osé prévoir que le chef de département serait élu par un collège mixte (médecins et personnel non médical) ; la loi de 1984 préféra confier son élection à un collège purement médical (exception faite, le cas échéant, pour les sages-femmes). Une remarquable erreur fut d'autre part commise, qui consista à supprimer le grade de médecin chef bien avant de s'être donné la moindre chance de mise en place de la nouvelle formule : pour autant que j'aie pu en juger sur le terrain, le seul effet repérable a été de paralyser un certain nombre d'« équipes médicales », au sein desquelles chacun des anciens assistants, tout en s'empressant de rejeter l'autorité de l'ancien médecin chef, évaluait ses chances de devenir chef de département.

L'essentiel, toutefois, est ailleurs : dans le décalage entre une départementalisation strictement basée sur l'hôpital et une psychiatrie de secteur dont on entendait relancer la vocation extra-hospitalière. Passons rapidement en revue les principales difficultés qui résultent de ce décalage.

L'une des combinaisons les plus intéressantes aurait sans doute été le jumelage d'un ou plusieurs secteurs psychiatriques avec tel ou tel service de médecine : mais, dans la grande majorité des cas, cela n'aurait pas pu se faire au sein d'un même hôpital. Une autre formule eût consisté dans le regroupement de deux ou trois secteurs psychiatriques, ayant entre eux des affinités réelles, quant à leur conception de la maladie mentale, du soin psychiatrique et de la politique de sectorisation : là encore, il semble bien que de telles affinités se manifestent plus volontiers entre des équipes de secteurs rattachés à des hôpitaux différents. On a par ailleurs fait valoir la possibilité, en regroupant deux ou trois secteurs et un intersecteur, de remédier au très dommageable cloisonnement entre « psychiatrie générale » et « psychiatrie infanto-juvénile ». Mais il est permis de douter que le fossé qui existe entre les deux styles de fonctionnement puisse être aujourd'hui, sauf exceptions, réellement franchi : on imagine par exemple assez mal un actuel responsable d'intersecteur se retrouvant du jour au lendemain sous l'autorité d'un responsable de secteur devenu chef de département.

Au demeurant, quel que soit le cas de figure envisagé, il était assez clair que la départementalisation ne pourrait pas concerner la psychiatrie aussi longtemps que ne serait pas réalisée l'unité de financement et de gestion entre les soins hospitaliers et les activités extra-hospitalières. Peut-on considérer que cette difficulté est aujourd'hui levée par la mise en œuvre de la dotation globale ? Tout dépend du jugement que l'on porte sur la viabilité du nouveau dispositif dont j'ai tout à l'heure décrit les principaux aspects. J'en proposerai donc maintenant une évaluation critique, en le comparant tout d'abord aux recommandations qui avaient été formulées par le groupe de travail initial.

*

Sur deux points qu'il présentait comme particulièrement importants, le rapport Demay n'a pas été suivi par les instances ministérielles. Le premier visait l'abrogation ou la modification de différents textes législatifs concernant le statut des malades mentaux ; le second désignait la nécessité de donner aux secteurs psychiatriques un statut juridique en créant de nouveaux « établissements publics autonomes », appelés à substituer leur gestion à celle des hôpitaux.

Le 12 octobre 1981, Jack Ralite, ministre de la Santé, déclare :

> La loi de 1838, qui a institué une gérance immobile de la folie et le retranchement hors du monde des malades mentaux, doit être abrogée. Elle doit être remplacée par un texte de droit commun – non ségrégatif et discriminateur –

protégeant la liberté et affirmant la responsabilité des citoyens, qu'ils soient hospitalisés ou qu'ils soient pris en charge dans leur environnement habituel [1].

Deux ans plus tard [2], Edmond Hervé, secrétaire d'État chargé de la Santé, parle d'une éventuelle « réforme de la loi de 1838 », pour en venir à constater, l'année suivante [3], qu'« il ne saurait être question d'abroger la loi de 1838 sans lui substituer un nouveau texte », d'où la nécessité de réunir un « groupe de travail interministériel » pour étudier « l'élaboration d'une nouvelle réglementation » – laquelle, sauf erreur, n'a pas jusqu'ici vu le jour...

Ce ne fut là, d'ailleurs, que la énième reproduction (certains auteurs ont recensé plusieurs dizaines de textes du même ordre) d'un scénario devenu classique. En 1910, par exemple, le même espoir avait un moment fleuri :

> Malgré des assauts nombreux et ardents, la vieille loi sur le régime des aliénés, promulguée en France le 30 juin 1838 par Louis-Philippe, tient toujours debout. Tiendra-t-elle encore longtemps ? Les coups qu'elle a reçus à la Chambre des députés ont été assez violents pour qu'il soit permis d'envisager la possibilité de sa prochaine disparition et de son remplacement par une loi nouvelle [4]...

Or il est clair que, entre 1981 et 1986, ce n'est pas au niveau d'un débat parlementaire que la tentative risquait de capoter. Et s'il n'y eut pas de débat du tout, c'est qu'apparut une fois de plus l'impossibilité de proposer un texte de substitution tant soit peu satisfaisant. En fait, cette loi de 1838, en partie relayée par la loi de 1968 sur les incapables majeurs, et dont les motivations premières n'étaient d'ailleurs pas toutes critiquables, est aujourd'hui plus dépassée que réellement nocive ; l'usure du temps et les différents moyens tour à tour mis en œuvre pour la

1. Discours de Sotteville-lès-Rouen.
2. Le 6 décembre 1983 (session d'ouverture de la Commission des Maladies mentales).
3. Le 14 novembre 1984 (Rencontres nationales sur la recherche et l'innovation en psychiatrie).
4. Docteur Jacques Roubinovitch, *Aliénés et Anormaux*.

contourner lui ont fait perdre, chemin faisant, une bonne part de sa force contraignante. Sans doute a-t-elle le tort d'être « une loi d'exception pour malades mentaux » (Jacques Hochmann) : « le malade mental, soumis à une force étrangère, aliéné par un processus irrésistible, ne saurait être tenu pour pénalement responsable de ses actes ». Mais, sur ce point, il conviendrait avant tout d'en finir avec l'article 64 du Code pénal de 1810, qui promulguait déjà l'irresponsabilité du malade mental et dont on a pu dire que son application a pour conséquence la « mort sociale de l'individu [1] » : « Il n'y a plus ni crime ni délit lorsque le prévenu était, au temps de l'action, en état de démence, ou lorsqu'il a été contraint par une force à laquelle il n'a pu résister. » Là encore, toutefois, la démarche réformatrice n'a guère dépassé le stade des intentions.

A vrai dire, le rapport Demay lui-même avait déjà pointé la très réelle complexité du problème. Mettant pareillement en cause le caractère ségrégatif de la « loi d'orientation » du 30 juin 1975 « en faveur des personnes handicapées », il précisait en effet : « La modification fondamentale de ces trois textes (loi de 1838, article 64 et loi de 1975) constitue un minimum indispensable *et un ensemble indissociable.* » Sur les problèmes de droit posés par le statut des malades mentaux, l'entreprise de rénovation de la psychiatrie publique s'est en tout cas soldée par un échec.

Il en a été de même en ce qui concerne les organes de gestion des secteurs psychiatriques. Sur ce point comme sur le précédent, le rapport Demay formulait une exigence radicale : « donner aux secteurs un statut juridique », seul moyen, selon le groupe de travail, d'en finir avec l'hospitalocentrisme. Il importait donc de créer de nouveaux « établissements publics autonomes » (à l'échelle d'un ou de plusieurs secteurs selon les cas), cette formule devant « se substituer à l'établissement public autonome qu'est actuellement le centre hospitalier spécialisé » : « *Celui-ci, en droit,*

1. Docteur Philippe Rappard in *l'Information psychiatrique*, février 1986, p. 177.

disparaît [1]. Il n'est plus que la juxtaposition d'antennes hospitalières gérées par le ou les établissements sectoriels. » Aux dernières pages du rapport, les auteurs éprouvaient encore le besoin d'enfoncer le clou : « L'orientation nouvelle ne sera assurée qu'à la condition formelle que l'établissement hospitalier à séjours de plein-temps ne conserve, sous aucune forme, la maîtrise de l'appareil de soin dans son ensemble. »

Cette idée fit d'ailleurs son chemin et fut maintes fois reprise, sous des formulations variées : « établissement public de secteur psychiatrique », « établissement public de santé mentale ». Réuni en octobre 1983, un groupe de travail animé par la directrice du CHS de Sainte-Anne et le directeur du CHS de Rouvray [2] présentait l'EPSM comme l'indispensable assise de toute départementalisation, en le définissant comme « une entité à caractère sanitaire qui incorporerait toutes les structures de soins de psychiatrie (hospitalières et extra-hospitalières) » à l'échelle d'un département géographique : « La nécessité de la création d'une telle entité juridique apparaît fondamentale aux yeux tant des soignants que des gestionnaires de la santé mentale. »

Mais, dans le même temps, les déclarations ministérielles demeuraient très floues à cet égard. Et sans doute la Direction générale de la santé avait-elle déjà pris la mesure de certaines oppositions au principe même de ces nouvelles structures : mettant remarquablement en lumière les rapports entre modalités de financement, départementalisation et structures de gestion, et proposant en outre une très intéressante formule pour déplacer progressivement les moyens budgétaires existants de l'hospitalisation plein-temps vers les différentes catégories du soin extra-hospitalier, une note du 17 janvier 1984 [3] mentionnait, pour la

1. En lettres capitales dans le texte. Dans le souci de marquer symboliquement cette disposition, l'une des premières versions précisait même qu'il conviendrait, au cas où l'on utiliserait l'appareil de gestion existant, de le réinstaller dans des locaux extérieurs à l'hôpital.

2. Dans le cadre de l'Association des directeurs d'établissements publics spécialisés en psychiatrie.

3. Sous-direction de l'organisation des soins et des programmes médicaux : contribution du bureau 3 C à la réflexion du groupe n° 1 de la Commission des Maladies mentales.

gestion du service public de santé mentale, deux scénarios possibles, dont elle analysait tour à tour les avantages et les inconvénients. Or le premier de ces deux scénarios – gestion par l'hôpital – était précisément celui que le rapport Demay tenait pour inacceptable.

N'hésitant d'ailleurs pas à signaler qu'il comportait « un risque évident d'*hospitalocentrisme* », la note estimait toutefois que ce risque pouvait être « tempéré de plusieurs manières ». C'est-à-dire, essentiellement : par la signature de contrats pluriannuels programmant le déplacement progressif des moyens budgétaires de l'intra- vers l'extra-hospitalier et... par une réforme statutaire permettant « de ne plus lier la promotion des directeurs d'hôpitaux au nombre de lits de l'établissement qu'ils gèrent ». Quant au scénario n° 2 – gestion par un EPSM –, il présentait assurément d'importants avantages, mais comportait aussi « bon nombre d'inconvénients ». Outre les probables réactions de « certains directeurs de gros CHS ainsi démantelés en plusieurs EPSM », qui pourraient « mal accepter une telle perte de pouvoir », la mise en place de ce nouveau dispositif induirait des coûts supplémentaires et nécessiterait d'importants délais.

Passons sur les états d'âme directoriaux ; j'ai d'ailleurs rencontré, à ce niveau de responsabilité, un certain nombre de gestionnaires qui m'ont paru d'autant plus intéressés par les transformations en cours qu'elles redonnaient du prix à leur fonction, en les obligeant à réinventer les modalités mêmes de son exercice. En fait, il semble bien, avec le recul dont nous disposons aujourd'hui, que les arguments décisifs en faveur de la gestion par l'hôpital aient été de trois ordres différents : cette solution est la plus facile ; elle est la moins coûteuse ; elle évite la création de structures propres à la psychiatrie et favorise ainsi son maintien dans un système hospitalier de type médical. D'où l'on peut sans doute inférer que les « patrons » de certains services de psychiatrie, tout comme les services du ministère des Finances, ne furent pas entièrement étrangers à la production ou à la diffusion de ces arguments... Toujours est-il que la question cessa bientôt de se poser : en tout cas dès le 14 novembre 1984, date à laquelle (dans un discours déjà cité) M. Edmond Hervé déclara tout uniment que les centres hospitaliers spécialisés et les centres hospitaliers généraux allaient se voir confier « la gestion de l'ensemble des secteurs qui leur sont rattachés ». Disposition qui sera effectivement incluse, comme on l'a vu, dans la loi du 31 décembre 1985.

*

Quelles qu'en aient été les justifications (celles que j'ai citées et quelques autres encore, moins significatives), c'était une reculade. Pour certains, il s'agissait d'un pur et simple retour à la case départ, l'extra-hospitalier se voyant confirmé dans son statut d'« excroissance de l'hôpital ». Peut-être fallait-il même parler d'une aggravation de cette dépendance, puisque, cette fois, c'est la totalité de ses moyens qui se trouvaient regroupés sous l'autorité directe de l'hôpital – y compris les personnels et les structures antérieurement gérés par les DDASS...

Le secrétaire d'État s'était par avance efforcé de dissiper ces inquiétudes : « Qu'on me comprenne bien, avait-il déclaré [1], l'objectif de cette réforme – décisive pour l'avenir de la psychiatrie publique – ne conduira pas à un hospitalocentrisme. Les budgets annuels hospitaliers ne feront l'objet d'une approbation par les autorités de tutelle que s'ils vont dans le sens d'un développement des alternatives à l'hospitalisation. » En théorie, l'argumentation élaborée par ses services ne manquait d'ailleurs pas d'une certaine pertinence : dès lors que l'équilibre budgétaire de son établissement cesse d'être lié au nombre de lits occupés, on ne voit pas pourquoi un gestionnaire se refuserait à gérer une stratégie de déshospitalisation. Dans la pratique, les motivations risquent évidemment de s'avérer plus confuses.

Encore ne doit-on pas en juger sur la seule base des comportements immédiats : dans l'ignorance où ils sont des modalités de calcul de leurs futures enveloppes budgétaires, et souhaitant faire état d'un important volume d'activités, certains responsables

1. En présentant les grandes lignes de la réforme à la Fédération nationale des associations Croix Marine (*le Monde*, 24 septembre 1985).

semblent en effet avoir choisi de fonctionner à contresens : ainsi s'efforcent-ils de nouveau de remplir les lits et de replier sur les services de l'hôpital une part des moyens précédemment affectés aux démarches soignantes extra-hospitalières. Mais il est permis de penser qu'ils ne tarderont guère à abandonner cette position et qu'ils mettront alors le même zèle à favoriser le travail au-dehors qu'ils en mettent aujourd'hui à le rendre impossible : car c'est bien sur ce plan-là qu'il leur sera désormais demandé de prouver leur efficacité, la Sécurité sociale n'étant vraisemblablement pas disposée à entretenir globalement une psychiatrie de secteur dont le poids hospitalier demeurerait le même.

*

Au total, quel bilan convient-il d'établir ? Un bilan *très contrasté*, à coup sûr, si l'on compare l'ensemble des mesures prises entre 1983 et 1986 à l'ensemble des mesures recommandées par le rapport Demay en 1982. Mais un bilan *très largement positif* si l'on se réfère à la situation antérieure, et surtout à l'absence de toute politique de santé mentale alors que se formait, entre 1979 et 1981, un projet de déshospitalisation exclusivement motivé par un souci de compression budgétaire.

Si le dispositif mis en place apparaît plus ou moins tronqué par rapport à ce qu'il aurait pu être, du moins a-t-il le mérite d'exister – et de rendre possible un redéploiement cohérent de la psychiatrie publique, dans une période où son mode de fonctionnement ne lui permettait plus d'assumer la raréfaction des moyens disponibles. Sans ces nouvelles structures de financement et de gestion, c'est elle tout entière qui, demeurant confondue avec un certain état de l'hôpital, eût été condamnée à mourir avec lui. Quand les moyens disponibles, à l'échelle nationale, n'équilibrent plus la montée des besoins, il est évidemment plus facile de réévaluer les besoins que d'inventer et d'organiser une meilleure utilisation des moyens : à cette tentation de facilité, sur laquelle risquaient fort de se conclure vingt ans de laisser-aller, il a été enfin opposé la mise en œuvre d'une véritable politique.

Cet effort sera-t-il poursuivi ? Un usage positif pourra-t-il être fait, sur le terrain, des structures ainsi mises en place ? Certaines mesures ultérieures risquent-elles, sinon de les supprimer, du moins d'en compromettre le fonctionnement ? C'est à ces questions, parmi d'autres, que je m'efforcerai ici d'apporter quelques éléments de réponse. La « sortie de crise », en tout cas, n'est pas pour demain : ne fût-ce que pour des raisons d'ordre économique, la psychiatrie publique est bel et bien sommée de prendre un véritable tournant. Reste à savoir si elle réussira sa reconversion – et à quel prix, pour ses usagers, pour ses différents acteurs et pour le niveau de conscience de la société française.

*

Le voici donc balisé, ce tournant, à la fois par une limitation générale des moyens, par les directives du IXe Plan et par la mise en place d'un nouvel ensemble de structures. On ne fera injure à personne en estimant que, en l'absence des contraintes budgétaires, le reste aurait sans doute eu plus de mal à s'imposer. Titre possible, pour la brève histoire qui précède : « Et par bonheur il y eut la crise... »

Compte tenu des trop nombreuses victimes de toute crise économique, une telle formulation eût risqué d'être assez mal entendue. Je voudrais cependant introduire ici deux remarques, dans l'espoir qu'elles éclaireront la suite de mon propos.

1. Il en va de l'évolution des sociétés comme du développement des individus : les crises leur font courir des dangers, mais l'absence de crise leur serait mortelle. Dans son emploi courant, le terme est généralement porteur de connotations négatives : la crise, c'est le coup dur, le mauvais moment à passer ; elle dérange, elle bouscule l'ordre établi et fait figure d'accident, comme si elle était parfaitement étrangère au contexte humain qu'elle vient perturber, et fatalement nocive pour lui. Qu'on y regarde mieux, toutefois, et l'on ne tarde pas à découvrir que chaque crise comporte aussi une dimension de chance, qu'elle peut être la condition d'un réveil, l'incitation à rompre avec le « cours des choses », à s'arracher à l'hypnose de certains conditionnements.

Ce qu'on ressentait comme une fâcheuse traverse devient alors rencontre bénéfique, conjonction salutaire ; les facteurs de blocage se changent en occasions de dépassement ; la « situation de crise » inaugure une critique de la situation. Bien entendu, ceci ne supprime pas cela : certains effets négatifs se prolongent, par une sorte d'inertie matérielle, au sein d'un ensemble qui tend à reprendre sens ; et il n'est jamais agréable d'avoir à faire son deuil d'un contexte devenu familier, n'eût-on même cessé, jusqu'alors, d'en déplorer les carences. Ainsi arrive-t-il que le désir de changement perde beaucoup de sa force au moment où se trouvent enfin réunies les conditions du changement...

2. Par-delà les apparences immédiates, la psychiatrie, ainsi d'ailleurs que la société française dans son ensemble, se trouve en réalité confrontée à une crise qui n'est pas seulement économique [1]. Il y avait crise, on l'a vu, au niveau de l'institution hospitalière. Mais le savoir psychiatrique aussi était en crise, depuis un certain temps déjà, du fait de son écartèlement entre deux conceptions parfaitement incompatibles, l'une tendant au maximum de scientificité, l'autre mettant l'accent sur une praxis relationnelle et sur la rencontre du malade en tant que sujet. En ce qui concerne la nature de la maladie mentale, les conditions du diagnostic, le niveau d'intervention, les formes et les limites de l'action thérapeutique, les divergences entre psychiatres ont pris de telles proportions qu'il est devenu impossible de parler sérieusement de « la psychiatrie », l'expression ayant perdu tout sens à force de recouvrir une trop grande diversité de contenus. De là, bien sûr, toute une série de conséquences, touchant aussi bien à la crédibilité sociale de cette discipline qu'à ses assises épistémologiques (crise de la recherche) et à son mode de reproduction (crise de la formation). Sur ces différents plans, il y avait donc aussi, et il y a toujours, un tournant à prendre : plus on retardera le moment de l'aborder, plus les conditions se durciront dans lesquelles il faudra bien qu'on en vienne à le négocier. Mais il semble bien que l'incohérence ait ses charmes,

1. A supposer que la notion même de crise « purement économique » soit le moins du monde concevable.

sans doute dans la mesure où elle constitue un rideau de fumée à l'abri duquel certains peuvent se complaire à suivre aveuglément leur sillon, en comptant échapper jusqu'au bout à tout dialogue, à toute confrontation, à toute remise en question.

*

Bonheur ou pas, la crise est là, multiforme. Le tournant est là – et le service public de la psychiatrie y est déjà plus qu'à moitié engagé. Mais la description que j'en ai jusqu'ici proposée demeure purement objective : elle se situe en effet au niveau des contraintes, celles qui procèdent directement de la crise économique et celles qui ont été introduites par les mesures prises pour y remédier. Et sans doute la partie qui se joue doit-elle nécessairement tenir compte de ce cadre : mais, s'il en conditionne le déroulement, il ne le détermine pas – et il en détermine encore moins l'issue. C'est ici qu'entrent en scène les réalités concrètes, la souffrance et l'angoisse, le dynamisme des uns, les résistances crispées des autres, les ressources potentielles de tous : de tous ceux qui, sur le terrain, subissent les conséquences *et détiennent en dernier ressort le destin* de quelque politique que ce soit. C'est à ce niveau maintenant que je poursuivrai l'analyse, en essayant de préciser dans quelles conditions cet ensemble humain aborde aujourd'hui une aussi rude conjoncture.

2

Les conditions sur le terrain

A. LES USAGERS DE L'HÔPITAL

Il y a d'abord les principaux intéressés, les « malades » (je m'expliquerai plus loin sur les guillemets), et en tout premier lieu ceux qui sont encore hospitalisés. On en compte environ cent mille dans l'ensemble des hôpitaux psychiatriques français. Plus concrètement, ils sont répartis dans des unités de soin, pavillons ou étages – à raison, le plus souvent, de vingt à quarante personnes par unité, de trois à quatre unités par service [1] et de trois à huit services par hôpital.

Mais qui sont-ils et d'où viennent-ils ? Première différenciation, d'ordre administratif : d'un côté les enfants et les adolescents, dans des services de psychiatrie « infanto-juvénile » ; de l'autre les adultes, dans des services de psychiatrie « générale ». Une autre différenciation administrative, officiellement abolie par la sectorisation, a longtemps maintenu l'existence d'hôpitaux, ou tout au moins de services, exclusivement réservés soit aux hommes soit aux femmes ; et de nombreux soignants conservent le souvenir des effarants transferts de population qui eurent lieu il y a une quinzaine d'années, et parfois en vingt-quatre heures, lorsqu'on s'avisa soudain de prendre au sérieux les injonctions ministérielles concernant l'obligatoire mixité des services.

1. Chaque service est en principe sectorisé. Si je n'emploie pas d'emblée ici le terme de « secteur », c'est qu'il me paraît plus propre à désigner l'ensemble du dispositif soignant, dont les moyens d'hospitalisation ne constituent qu'un des aspects.

Si maintenant nous prenons au hasard une unité de soin pour adultes et si nous examinons la population qui y réside, nous aurons d'assez bonnes chances d'y observer le mélange de trois ou quatre catégories de personnes : des « chroniques », qui sont là depuis longtemps, souvent depuis dix, vingt ou trente ans ; des « entrants », récemment admis et qui peuvent être en phase aiguë ; des personnes âgées, dont les troubles vont de la simple confusion mentale à la démence sénile ; et sans doute aussi quelques « arriérés » ou « débiles » (trompeuse étiquette, parfois, d'une psychose infantile qui ne fut pas soignée en temps voulu). Pour ne rien dire, provisoirement, d'un certain nombre de « cas sociaux » admis à l'hôpital pour des raisons humanitaires, sans grand rapport avec la psychiatrie. On peut déjà se demander comment cet amalgame est vécu par les malades eux-mêmes, et par leur famille : plutôt mal, je le crains. Or une sorte de « fatalité » institutionnelle semble être ici à l'œuvre : car il existe, certes, des « pavillons d'entrants », mais la plupart ne méritent guère ce nom que durant les quelques mois qui suivent leur ouverture. En fait, à l'échelle d'un hôpital, la proportion des « chroniques » et des personnes âgées tourne en moyenne autour des 60 %, et il n'est pas rare qu'elle atteigne les 80 % ; encore ne cesse-t-elle de s'accroître... D'où la difficulté de maintenir de véritables *lieux de soin,* au sens proprement psychiatrique du terme, dans un ensemble aussi lourdement conduit à fonctionner en tant que *lieu de vie.*

Bien entendu, tout n'est pas fatal en ce domaine ; ou plutôt la fatalité ne s'instaure que dans la mesure où l'abandon au cours des choses tient lieu de politique. C'est pourquoi il va m'être d'emblée tout à fait impossible de m'en tenir à une pure et simple description. La classification même que je viens de proposer n'a d'intérêt que par les multiples précisions qu'elle exige aussitôt, et dont chacune implique directement telle pratique hospitalière ou telle conception du soin. Comme, au surplus, la moindre mise en question d'un aspect particulier oblige à s'interroger sur un certain nombre d'aspects corrélatifs et renvoie même assez souvent au mode de fonctionnement du système global, on admettra, je pense, qu'une démarche de type cartésien ne serait pas ici la plus indiquée. Ainsi prendrai-je la liberté de procéder de façon apparemment moins méthodique, mais sans doute plus en rapport avec la nature même des réalités en cause. Pour qui s'efforce de démêler la complexité d'un ensemble humain, il n'est point de stratégie qui puisse s'élaborer du premier coup : les premiers pas sont aventurés, on tâte le terrain, on opte pour une première perspective, en sachant qu'il faut bien tout d'abord déployer le paysage devant soi si l'on veut pouvoir ensuite y introduire un certain ordre.

*

Je commencerai donc par ceux qui sont déjà là depuis plus ou moins longtemps : depuis si longtemps, parfois, qu'on en viendrait à oublier qu'ils ont pu un jour vivre ailleurs. Ces hommes et ces femmes sont des *chroniques*. Reste à préciser de quelle maladie ils subissent la chronicité, quel type de trouble les a initialement conduits à l'hôpital. Sur ce point, leurs soignants eux-mêmes se montrent souvent fort perplexes. A moins qu'ils ne s'appuient sur l'apparence présente pour fournir une réponse, celle-ci risquant alors de se voir infirmée, une fois sur deux, si l'on rouvre le dossier du patient : ainsi découvrira-t-on par exemple que cet « alcoolique » de trente-cinq ans a été en réalité admis, il y a quinze ans, sur une « bouffée délirante », et qu'il s'est mis à boire en cours d'hospitalisation...

Ce qui est sûr, c'est que les uns et les autres en viennent à se ressembler beaucoup. Les différences originelles se sont progressivement estompées ; les symptômes spécifiques ont subi une espèce d'érosion ; les comportements sont rodés, conditionnés par l'hôpital, suradaptés à son fonctionnement. Et donc rendus plus ou moins inadaptables à toute autre forme de vie. En stabilisant les troubles, on les a pérennisés ; et la prise en charge qui devait remédier à ce qu'ils avaient d'invalidant s'est traduite, en fin de compte, par une très réelle surinvalidation. Un objectif, en tout cas, aura été atteint : la normalisation de la folie – au prix du maintien de son exclusion et de sa réclusion. Que la société globale y trouve son compte, tout le monde le dit : l'ennui, c'est que personne n'a jamais rencontré la société globale, et que, à des titres divers, de façon directe ou indirecte, chacun d'entre nous aurait bien déjà quelque raison de se demander s'il n'y trouve pas lui-même son compte.

*

Reste, bien sûr, le responsable le plus direct, le plus immédiatement désignable : l'asile, d'hier et d'avant-hier, dont la propre stabilité a longtemps reposé sur cette stabilisation des malades ; mais aussi l'hôpital d'aujourd'hui, dont la logique interne demeure à bien des égards celle de ces « institutions totales » décrites par le sociologue américain Goffman [1]. Nous devrons plus loin tenter de faire la part du facteur humain dans le fonctionnement des structures, mais il n'est pas douteux qu'un certain type d'organisation – plus ou moins requis par le trop grand nombre d'individus concernés – induit chez la plupart d'entre eux une attitude profondément régressive, quels que soient les efforts éventuellement déployés en sens contraire par ceux qui les ont en charge. Cette logique interne est celle du rouleau compresseur : tout ce qui dépasse est de trop. L'institution ayant été créée pour le bien des usagers, les usagers ont intérêt à ce qu'elle puisse fonctionner correctement, d'où il suit que l'intérêt des usagers se confond avec l'intérêt de l'institution – lequel est évidemment de se perpétuer le plus commodément possible. Ainsi la plus sûre manière de « tourner rond », pour une institution totale, est-elle de tourner en rond, en s'efforçant de neutraliser, jour après jour, toute tentative novatrice, toute manifestation de liberté, tout risque d'évolution. Autant dire : toute action réellement thérapeutique. Devise possible : « Tout va bien aussi longtemps qu'il ne se passe rien. »

1. *Asiles,* trad. fr., Paris, Éd. de Minuit, 1968. L'expression anglaise, *total institution,* désigne un ensemble d'institutions (hôpitaux psychiatriques, prisons, casernes, communautés religieuses...) qui ont en commun la prise en charge de leurs ressortissants dans toutes les dimensions de leur existence et à tous les moments de leur vie quotidienne. La traduction française dit « institutions totalitaires » : peut-être comprendra-t-on mieux, chemin faisant, les raisons que j'ai d'éviter ce terme.

A la limite, on pourrait d'ailleurs imaginer que cette prétendue devise ne soit celle de personne en particulier, et que tous ceux qui contribuent au fonctionnement de l'institution soient au contraire désireux de faire avancer les choses : la machine n'en continuerait pas moins de tourner à sa manière, aussi longtemps que toutes ces bonnes volontés ne se seraient pas rencontrées dans une prise de conscience du mécanisme, et dans l'élaboration d'une politique globale qui en assure le dépassement. Or il est clair que les grandes structures hiérarchiques, et plus ou moins bureaucratisées, tendent en permanence à décourager la mise en commun des potentialités humaines, en favorisant de multiples façons les divisions entre statuts, entre fonctions, entre personnes : de sorte que chacun, s'y croyant seul à vouloir ce qu'il veut, ne tarde guère à se frapper lui-même d'impuissance en confondant les autres et la machine dans une même et stérile récrimination.

*

Mais l'hôpital n'est pas n'importe quelle institution. C'est une chose de maintenir en prison des délinquants soucieux de recouvrer leur liberté, d'uniformiser les énergies en les passant au moule de l'armée, ou de soumettre à une règle monacale certains désirs demeurés trop vivaces ; c'en est une autre d'avoir affaire à des « malades mentaux », c'est-à-dire à des êtres humains qui d'emblée souffrent déjà d'une certaine *aliénation.* Et s'il est bien vrai que l'hôpital y surajoute trop souvent une autre aliénation, ne serait-il pas aussi plus ou moins marqué par la leur ?

Imaginez qu'un individu réputé normal, vous ou moi, se trouve soudainement coupé de ses racines sociales, privé de ses repères habituels, projeté dans un monde clos, artificiel, qui lui impose ses manipulations et ses règlements (la plupart non écrits) et qui le prive de presque toute intimité, physique autant que psychique, supposez qu'on y oublie plus ou moins de s'adresser à lui en tant que sujet et qu'on l'y laisse dans une totale ignorance du temps qu'il devra y passer : qui s'étonnerait de voir ce malheureux, vous ou moi, se dépersonnaliser peu à peu, se déresponsabiliser, s'infantiliser, perdre à la fois ses attaches dans le passé et l'aptitude à projeter un avenir, en l'absence de toute possibilité d'action sur le contexte réel ? Quelles chances aurait-il, passé une éventuelle phase de révolte, de ne pas sombrer dans la résignation, et, surtout, comment pourrait-il encore *exister,* donner sens à son être-là, dans ce faux présent, indéfiniment répété, qui n'est plus sous-tendu par la flèche du temps ? Comment ne ressemblerait-il pas, tôt ou tard, à ces malades indéterminés, sans âge et sans histoire, qui ont intériorisé la règle du jeu institutionnel, qui savent se tenir à leur place de malades et qui, l'un dans l'autre, font en somme assez peu d'histoires ? Je sais : mon hypothèse ne tient pas, car ni vous ni moi ne cesserions sans doute de lutter, par tous les moyens, pour échapper à cette situation. Faisant donc un pas de plus, supposez qu'en outre, négligeant notre statut d'individus « normaux », on aille jusqu'à nous administrer jour après jour, à tout hasard, d'assez solides doses d'un quelconque neuroleptique... Bon, j'ai seulement voulu insister, une fois encore (et ce n'est sûrement pas la dernière), sur l'*invalidation par l'hôpital* – d'où la fiction d'un usager non malade –, avant d'en venir aux étranges interactions que l'on peut si fréquemment constater entre cet effet institutionnel et l'*invalidation première due à la maladie.*

Car j'ai tendu jusqu'ici à présenter les choses comme si les « chroniques » n'étaient devenus tels que pour avoir été chronicisés par leur séjour à l'hôpital. Or ce serait, dans bien des cas, faire bon marché de la nature même de leur trouble initial. Encore faudrait-il, pour pouvoir en tenir compte, dégager ce trouble de sa gangue institutionnelle, en reconnaître l'existence sous les couches sédimentaires qui l'ont successivement enrobé, malgré l'érosion des symptômes, malgré le feutrage et l'appauvrissement du délire.

Ce qui apparaît bientôt, quand les soignants en viennent ainsi à y regarder de plus près, c'est qu'une forte proportion de nos « chroniques » ont eu quelque chose à voir avec la psychose ; quant aux autres, les motifs de leur hospitalisation semblent n'avoir pas toujours été d'ordre psychiatrique. Or il est intéressant d'observer que le terme « psychotiques » sera tout de même fréquemment utilisé pour désigner l'ensemble, dans une sorte de synonymie et d'interchangeabilité avec le terme « chroniques ». Ce qui peut s'expliquer, bien sûr, par le gommage asilaire des différences d'aspect, voire par une certaine contamination au niveau des comportements. Mais sans doute faut-il également tenir compte du désir plus ou moins inconscient, chez les soignants, de redonner sens à leur fonction en s'assurant qu'ils ont affaire à de vrais malades, et de trouver corrélativement une justification aux interminables séjours de ces malades dans leurs services. Si en effet ces gens peuvent être considérés comme des psychotiques, les voici du même coup devenus chroniques au sens premier et nosologique du terme – l'accent étant cette fois mis sur la *chronicité,* caractère généralement attaché à la psychose, et non plus sur la *chronicisation,* effet pervers du traitement hospitalier.

S'opposant au point de vue simpliste selon lequel la maladie des « chroniques » se réduirait à un syndrome institutionnel, ce complet retournement de perspective doit bien sûr être à son tour relativisé. Non seulement parce que, comme on l'a vu, d'assez nombreux « chroniques » n'ont probablement jamais été de vrais malades mentaux, et sûrement pas des psychotiques, mais aussi parce qu'il y a différentes façons d'entrer dans une pathologie de type psychotique et qu'il semble que certaines d'entre elles laissent au sujet quelque chance d'en ressortir, en quelque sorte, spontanément. D'où la répartition qu'il conviendrait maintenant d'établir, parmi les « chroniques », entre ceux qui sont toujours psychotiques (avec différents degrés de stabilisation), ceux qui l'ont été mais qui ont pratiquement cessé de l'être et ceux, enfin, qui ne l'ont jamais été. Autrement dit, la chronicité, ça existe, la chronicisation aussi : mais, si les « chroniques » de notre collection ne sont pas tous de vrais chroniques, tout vrai chronique, en revanche, y est de surcroît *chronicisé.*

Encore ce tableau est-il exagérément simplifié. Car il semble bien que l'hôpital puisse être, en réalité, *doublement chronicisant :* s'il fabrique des « chroniques » par son fonctionnement même, sans doute lui arrive-t-il aussi, par carence thérapeutique, de laisser des moments de crise évoluer vers la chronicité. Quand quelqu'un est admis en phase aiguë et pour la première fois, il n'est tout de même pas fréquent qu'on soit fondé à parler de psychose chronique ; dix ans plus tard, s'il n'est toujours pas ressorti, on préférera penser qu'il était déjà chronique au moment de son admission...

Mais Pinel dénonçait déjà le processus, sans trop de ménagements :

> Un oubli, un défaut d'attention ou des idées peu exactes des diverses périodes des maladies de la part du médecin, quelquefois aussi une nonchalance naturelle du malade, retiennent ce dernier dans son lit vers l'époque de convalescence d'une maladie aiguë. On continue d'insister sur le régime débilitant et il peut succéder ainsi un état chronique plus ou moins dangereux [1].

*

De proche en proche, me voici donc amené à parler des « entrants » à propos des « chroniques », à faire entrevoir, sous la chronicisation, phénomène institutionnel, un défaut de soin psychiatrique, générateur de chronicité. Les trouvera-t-on excessifs, ou seulement justifiés par un contexte différent du nôtre, ces propos d'une équipe milanaise qui déclare tout net : « les états chroniques ne sont que le produit final de la somme des échecs subis en intervenant sur la crise », et dénonce « la supercherie de la psychiatrie, qui assume la crise comme étant sa propre pertinence, alors qu'elle la traduit en chronicité, condamnant à la longue hospitalisation ses actuels patients » : « les malades à longue hospitalisation étaient sûrement des malades aigus, et,

1. Cité par L. Dreyfuss, du XIVe secteur de psychiatrie de Paris, qui ajoute pour sa part : « Nous savons que, quand on n'est pas assez vigilant, et qu'on ne sent pas le bon moment d'une sortie après un épisode aigu, on peut compromettre pour longtemps la trajectoire de certains patients. Classiquement, les choses se présentent de la manière suivante : dans un premier temps, le malade veut sortir, mais c'est trop tôt et on dit non ; dans un deuxième temps, on dit oui mais quelque chose s'est passé chez le malade, qui n'a plus envie de sortir, et c'est lui qui dit non » (*l'Information psychiatrique*, janvier 1980, p. 6).

vice versa, les actuels aigus sont des candidats à une longue hospitalisation [1] » ?

J'estime, pour ma part, que ce dur jugement peut en tout cas s'appliquer à 80 % des situations observables dans la plupart des hôpitaux psychiatriques français. Mais il s'agit là d'une appréciation purement factuelle, statique, qui concerne l'*état des choses* sans tenir compte des facteurs d'évolution déjà inscrits dans la réalité : elle ne préjuge pas de l'avenir, elle désigne, elle juge, elle condamne la psychiatrie hospitalière française dans son fonctionnement immédiat, encore très largement conditionné par son passé asilaire. *Condamnation globale,* si remarquables que soient certaines exceptions, si méritoires que soient certains efforts accomplis çà et là pour renverser le cours des choses. Car il est tout à fait inadmissible, et proprement scandaleux, qu'un système de soins connaisse un aussi fort pourcentage d'échecs, un aussi dérisoire rendement, au point d'en venir à suraliéner, bien trop souvent, ceux qu'il avait mission de rendre à eux-mêmes.

Soit, me dira-t-on peut-être, mais vous étiez moins sévère il y a sept ans : en quoi votre jugement actuel est-il plus fondé que le précédent ? Outre que mes diverses activités m'ont permis depuis lors d'accroître mon information et de procéder à de multiples recoupements, je voudrais surtout noter que mon *Éloge de la psychiatrie* se situait dans un contexte bloqué, où la sectorisation – considérablement freinée par des structures de financement et de gestion tout à fait inadéquates – paraissait condamnée à ne progresser qu'avec une extrême lenteur. Faute de pouvoir tabler sur la généralisation de certaines alternatives réussies, et tout en insistant pour que des efforts du même ordre soient engagés chaque fois que la conjoncture locale leur était tant soit peu favorable, il me parut que le plus urgent n'était pas de condamner un hôpital qui demeurait, dans la très grande majorité des cas, la seule solution disponible. C'est pourquoi, dès ce moment-là, je m'efforçai d'insister (notamment dans les pro-

1. Tedoro Maranesi, Diana Mauri, Benedetto Saraceno, in *l'Information psychiatrique,* septembre 1981, p. 825.

grammes de formation continue) sur tout ce qui, au sein même de l'institution, pouvait l'aider à devenir un peu plus soignante, un peu moins chronicisante. Une telle démarche était sans gloire, mais il lui restait à mes yeux le mérite d'être la seule praticable – pour ceux du moins qui avaient à affronter la réalité sur le terrain.

C'est alors que de sérieuses menaces commencèrent à peser sur les hôpitaux psychiatriques et donc, en tout premier lieu, sur les hospitalisés. Le risque, soudain, n'était plus que beaucoup de ces hommes et de ces femmes voient encore se prolonger une prise en charge plus ou moins inefficace, mais que cette prise en charge leur soit brutalement retirée, sans qu'aucune contrepartie valable ait pu leur être proposée. Ainsi devenait-il urgent, tout à la fois, de préparer le maximum d'entre eux à un mode de vie non hospitalier et de mettre en place, au-dehors, un éventail de formules correspondant à leurs différents niveaux d'autonomie. Sur quoi il apparut, comme je l'ai ci-dessus rappelé, qu'il y aurait bien suppression massive de lits psychiatriques, mais qu'on disposerait de cinq ans pour la réaliser et que la mise en place de nouvelles structures allait permettre une véritable relance de la sectorisation.

D'où ces trois évidences conjointes :

1. Il ne s'agit plus de se demander s'il ne vaudrait pas mieux, tout compte fait, laisser les chroniques finir tranquillement leurs jours à l'hôpital, plutôt que de leur imposer l'effort d'une difficile réadaptation : car nombre d'entre eux y seront tout de même contraints et la véritable question porte désormais sur les conditions dans lesquelles ils y seront contraints.

2. Il n'est plus possible de camoufler un certain penchant pour l'immobilisme sous la fallacieuse juxtaposition entre un hôpital tenu pour inébranlable, mais où le soin psychiatrique n'a presque plus sa place, et une psychiatrie extra-hospitalière qui serait la seule valable, mais qui n'a pas les moyens de se réaliser : il s'agit de tout mettre en œuvre pour parvenir à soigner réellement, que ce soit « dedans » ou que ce soit « dehors ».

3. Les courageuses percées qu'il faut porter au compte d'un ou deux secteurs par hôpital, ou de quelques soignants au sein d'unités qui demeurent globalement stagnantes, ne suffiront plus à donner le change sur un service public dont une effective reconversion peut seule aujourd'hui garantir l'existence.

En résumé, les motifs d'indignation étaient déjà là il y a sept ans, mais l'indignation elle-même ne pouvait déboucher sur aucune pratique, de sorte que son expression me semblait assez vaine. Entre-temps, la situation s'est radicalisée : je crois qu'il est devenu urgent de radicaliser les attitudes.

Une dernière remarque s'impose. On avait de toute façon compris qu'une part d'ironie se glissait dans l'« éloge » ; quant à la part sérieuse (de loin la plus importante), elle concernait deux points essentiels :

- le très précieux potentiel humain que recèle l'institution psychiatrique, parmi ceux qui en sont les acteurs ;
- l'immense intérêt, pour toute réflexion sur nous-mêmes et sur notre société, des interrogations et des prises de position que suscite le constant dialogue avec la souffrance psychique.

Or, sur ces deux points, on verra bien que je n'ai pas changé. Mais sans doute suis-je devenu plus conscient de tout ce qui tend à étouffer ce potentiel ou à réduire cet intérêt : cela aussi risque de se voir.

*

Patience, toutefois, car nous n'avons pas fini de passer en revue... les « patients » – ceux qui pâtissent. Le terme ne se réfère d'ailleurs pas tant à la souffrance même de la personne qu'à son statut de malade, ayant à subir un traitement : d'où son involontaire double sens, quand le traitement tend à s'éterniser...

Parlant des « chroniques », donc, nous avions déjà été renvoyés vers ces « entrants » qu'ils ont eux-mêmes été un jour ; un jour pas nécessairement lointain, du reste, car il peut suffire de quelques années, voire de quelques mois, pour chroniciser quelqu'un. Ce qu'en tout cas nous mettions de la sorte en question, c'est l'aptitude de l'hôpital à fournir à ses ressortissants un véritable soin psychiatrique.

Or voici que le problème se complique, dans la mesure où une proportion croissante des « entrants » est précisément constituée, non point par des cas aigus, par des personnes en crise, mais par des *personnes âgées* – c'est-à-dire sujettes à des troubles qui nécessitent en général des soins d'un ordre différent.

Comme ces troubles du vieillissement n'ont par ailleurs rien de commun avec le vieillissement asilisé d'une quelconque maladie mentale, et comme enfin un bon nombre d'unités « de soin » abritent aussi quelques cas extrêmes, déficitaires, non évolutifs ou d'évolution fatale, on aurait mauvaise grâce à s'étonner que les soignants soient si fréquemment réduits à une presque totale impuissance. Car il leur faudrait, en un même lieu et simultanément, poursuivre au minimum quatre objectifs différents : soigner (au sens psychiatrique du terme) ; remédier à la chronicisation institutionnelle ; fournir aux personnes âgées les stimulations nécessaires pour leur éviter de sombrer dans la démence ; aider les déficitaires à simplement vivre avec leur déficit. Pour ne rien dire des soins corporels et de l'habillement quotidien des véritables déments séniles, ainsi que des fâcheuses conséquences de leurs fréquentes pertes de contrôle...

Telle est la donne la plus courante, la distribution moyenne, la situation de base : lourdement hypothéquée par tout le passif asilaire. Mais ce mélange des souffrances, et ce temps suspendu, comment sont-ils vécus par les patients ? Cette confusion des genres, comment les soignants parviennent-ils à s'en accommoder ? Impossible en effet d'aller plus loin sans tenir compte des attitudes en présence et de leurs constantes interactions.

B. LES SOIGNANTS DANS L'HÔPITAL

A un premier niveau, ces interactions pourraient presque se décrire en termes objectifs, dans la mesure où l'on y repère surtout, de part et d'autre, des attitudes et des comportements d'ordre réactionnel.

Il est aisé de constater, par exemple, que l'espèce de léthargie des malades chronicisés renforce en retour les effets léthargiques de l'institution : mais le phénomène suppose évidemment la médiation des soignants, qui, non seulement ne tardent guère à oublier des patients trop tranquilles, mais sont progressivement enclins à attendre des autres une égale adaptation au train-train quotidien. De la même manière, la violence de certains hospitalisés trouve parfois chez les soignants un écho qui risque alors de revenir sur elle, pour l'entretenir ou l'aggraver : or cette violence n'était peut-être elle-même qu'une forme de protestation contre le carcan institutionnel. Et c'est encore ainsi que de vieilles personnes, plus ou moins désorientées lors de leur admission à l'hôpital, vont fréquemment se voir surassister dans tous les actes de la vie quotidienne, au point de devenir tout à fait incapables de les accomplir seules : des résurgences infantiles ont ici déclenché une attitude infantilisante, parfois même saisissable au niveau de certains propos qui pourtant se voudraient compatissants, voire affectueux. Autre exemple, enfin, celui des psychotiques, dont la seule présence dans un service a été maintes fois désignée comme inductrice de chronicité : par la fuite devant la relation, par le refus du changement et par la tendance à la répétition qui assez généralement caractérisent leur pathologie. Or il est assez clair que l'institution fonctionne spontanément en consonance avec ces caractéristiques, au point qu'on a pu se demander si elle n'avait pas été conçue par un schizophrène.

Mais il y a aussi, inextricablement mêlée aux effets mêmes des structures, la part qu'y prennent les soignants, et de façon fort peu délibérée : certains refusant à leur tour, par peur de la psychose, de s'impliquer dans une tentative de relation au malade ; d'autres s'engageant au contraire à corps perdu dans cette tentative, pour en avoir d'emblée ignoré les difficultés, et se condamnant ainsi à d'amères déceptions ; les uns et les autres se retrouvant en fin de compte dans un même sentiment d'impuissance, dans une même résignation à n'être pas réellement *soignants*.

A un premier niveau, disais-je... L'ennui, c'est qu'on en reste là, bien trop souvent. C'est que trop peu d'efforts sont faits pour rompre le cercle, pour stopper ce mouvement en spirale où « patients » et « acteurs » sont ensemble entraînés, – dans une sorte de dialectique négative, de rétroaction permanente, où se renforcent indéfiniment ce qu'il y a d'inertie chez les uns, agitations comprises, et ce qu'il y a d'inertie chez les autres, activisme compris. Ainsi se trouve assuré, avec l'involontaire complicité des hommes, le triomphe de l'immobilisme institutionnel.

*

Bon. *Le deuxième niveau existe aussi*... Il y a des services où les comportements réactionnels sont dépassés vers des attitudes positives, où les interactions prennent valeur thérapeutique, où les soignants s'ingénient à favoriser chez les malades une évolution favorable, où des projets de soin assurent cohérence et consistance aux actes quotidiens, où la définition d'une politique globale met à profit les différences et, fournissant à tous un même horizon, donne sens aux efforts de chacun. Si de tels services n'existaient nulle part, s'il ne m'avait pas été donné d'étudier le fonctionnement de certains d'entre eux, je ne me sentirais aucunement fondé à présenter ici les quelques critiques qu'on a déjà pu lire – et bien moins encore celles, plus précises, qui vont leur succéder.

Qu'on veuille bien toutefois garder présent à l'esprit que c'est le sort de la psychiatrie publique dans son ensemble qui est sans doute en train de se jouer, que le tournant menace d'être particulièrement raide et qu'il ne suffira pas que quelques-uns parviennent à le négocier pour que soit assuré le maintien du système. Je ne suis certes pas habilité à distribuer bons points ou mauvais points : je tente seulement de désigner les manques, et de montrer qu'ils n'ont rien de fatal.

*

Les manques : avant même d'avoir quitté l'hôpital pour nous intéresser à ce qui se passe au-dehors, nous avons déjà pu en repérer quelques-uns, qui comptent sans doute parmi les plus paralysants.

1. Manque d'intérêt pour l'histoire personnelle des patients : on ne se préoccupe guère de ce qu'a pu être leur existence avant leur entrée à l'hôpital et l'on va jusqu'à ignorer les événements qu'ils ont pu vivre par la suite. Or, si les temps d'hospitalisation sont par eux-mêmes à peu près sans histoire, il arrive qu'ils soient entrecoupés par un certain nombre de décisions médico-administratives : j'assistais récemment à la stupeur d'un groupe d'infirmiers découvrant, dans le dossier d'un « chronique » qu'ils croyaient bien connaître, que cet homme d'une cinquantaine d'années, hospitalisé pour la première fois à l'âge de vingt-cinq ans, avait quitté l'hôpital à quatre reprises, entre trente et quarante ans, pour des séjours plus ou moins prolongés en maison de retraite...

2. Manque de réflexion sur l'état réel et sur les véritables besoins des patients : on s'en tient trop volontiers aux apparences, on colle trop aisément certaines étiquettes, ou bien l'on n'ose pas en décoller d'autres ; on surassiste des gens qu'il faudrait responsabiliser, on fait appel à la « bonne volonté » d'un schizophrène, on néglige de solliciter l'intellect des personnes âgées ou de tenir compte du rythme qui leur est propre.

3. Manque d'orientation et de cohérence dans le travail des soignants : on agit au coup par coup, sans concertation suffisante entre les « équipes » infirmières, sans ligne directrice à quoi se référer.

4. Manque d'une conception raisonnée de la maladie mentale et du soin psychiatrique : ainsi parvient-on même à ignorer qu'on fait, au fil des jours, un peu n'importe quoi.

*

Bien sûr, il y a toujours des excuses à tout ça. L'accès aux dossiers des malades est parfois malaisé ; ça va plus vite d'habiller une vieille dame que de l'encourager à s'habiller elle-même ; le système des « trois-huit » (matin, après-midi et nuit) rend presque impossibles de véritables échanges entre les groupes d'infirmiers d'une même unité de soin ; trop d'infirmiers se satisfont de n'avoir pas à réfléchir (version médicale), ou bien les médecins sont trop absents du service, ou pas d'accord entre eux (version infirmière)...

Mais le recours même à ces excuses, et à beaucoup d'autres tout aussi « évidentes », signale un manque sans doute plus fondamental que tous les précédents : celui d'un pari actif des soignants sur leurs propres potentialités, contre leur propre tendance à l'inertie et contre l'inertie des structures.

Aucun groupe humain ne peut échapper à la passivité, ou du moins à une vaine polarisation sur lui-même, génératrice d'attitudes inopérantes, aussi longtemps qu'il n'entreprend pas de se donner un langage commun, des objectifs communs, des références communes. Considérez un certain nombre d'hommes et de femmes qui se trouvent faire partie des effectifs d'un service, qui ne se sont généralement pas choisis, dont les motivations initiales peuvent être fort diverses, qui n'ont pas reçu la même formation, qui relèvent de statuts différents et sont d'emblée inscrits dans un système hiérarchisé, plus propre à engendrer des réactions de méfiance qu'à favoriser l'émergence d'un consensus : comment cet agglomérat pourrait-il avoir, spontanément, la moindre efficacité d'ordre thérapeutique, – vis-à-vis d'un aggloméрat de patients dont l'évolution positive exigerait, pour chacun d'eux, une action sur mesure, engagée et poursuivie en plein accord par tous les soignants concernés ?

On voit bien que tout doit commencer ici par l'ouverture d'un horizon, par la proposition d'une finalité qui permette de s'arracher à l'hypnose institutionnelle, au nombrilisme de groupe, vers une mise en commun des ressources individuelles. J'ai longuement étudié, dans mon précédent essai, les problèmes de constitution d'une équipe soignante : j'ai notamment dit que leur solution me semblait dépendre, au moins au départ, de l'intervention d'un certain type de *leader ;* et j'ai cru pouvoir préciser que le psychiatre responsable était à mes yeux le mieux *placé* pour assumer ce rôle de proposeur, d'animateur et de pivot. N'ayant guère eu l'occasion de changer d'avis sur ces deux points, je n'y reviendrai pas.

Ce qu'en revanche j'ai pu mesurer depuis lors, et que je n'entrevoyais qu'assez mal il y a sept ans, c'est la grave déperdition de potentiel infirmier qui trop souvent résulte d'une attitude d'indifférence, de prudente abstention ou de pur et simple refus, chez les médecins, à l'égard de ce rôle. Or j'entends bien que ces médecins-là peuvent avoir de multiples excuses ; et par ailleurs je ne suis pas assez naïf pour imaginer que tous les infirmiers deviendraient d'authentiques soignants dès lors que leurs psychiatres s'évertueraient à les faire travailler en équipe. Mais il y en a suffisamment parmi eux qui souffrent de ne jamais savoir à quoi ils jouent, de demeurer de simples agents d'exécution et de faire un travail dépourvu de sens (ou dont le sens est toujours défini en dehors d'eux), pour que soit par avance disqualifié, à mes yeux, tout argument tendant à *justifier* une attitude médicale qui les maintient dans cette absurde condition.

Ce qui fait ici cruellement défaut, c'est le goût, c'est le désir de travailler avec, de réfléchir avec, d'avoir des collaborateurs plutôt que des exécutants et de progresser soi-même en les aidant à progresser : en participant à leur formation à la faveur du travail quotidien, en les encourageant à prendre des initiatives et des responsabilités, en les incitant à se préparer aux tâches nouvelles qui les attendent. J'irai jusqu'au bout : ce qui fait ici défaut, c'est l'ambition même de faire accéder le service dont on a la charge à une réelle efficacité soignante. Car tout se tient, et la psychiatrie publique ne saurait être une psychiatrie de solitaire : quand le médecin cantonne les infirmiers dans un rôle de gardiens, il se condamne à n'être lui-même qu'un superviseur de gardiennage.

Il m'arrive d'ailleurs de me demander si certains psychiatres « publics » ne se sont pas tout simplement trompés de route, tant leur mode de fonctionnement s'apparente à celui d'un psychiatre privé. Leur distanciation à l'égard de leur propre service est parfois telle qu'on les croirait « en visite » quand ils y mettent les pieds. Et les précautions qu'ils prennent pour l'isoler des services voisins donneraient à penser que la plus sûre assise de leur autorité réside dans un mode de fonctionnement qui échappe au regard d'autrui. Aussi les seuls échanges qui leur conviennent sont-ils les moins concrets possible : ceux qu'ils peuvent avoir ailleurs, loin de leur propre terrain, dans la rassurante absence d'implication pratique dont congrès et colloques fournissent si souvent le cadre. Celui d'une exterritorialité confraternelle plutôt que d'une coopération localisée. En bref, tout se passe comme si ces psychiatres-là n'avaient aucunement conscience d'appartenir à un même ensemble et d'être co-responsables de sa qualité. Pourtant, si le service public devait un jour se voir démantelé, j'ai peine à croire qu'ils auraient lieu de s'en féliciter : car la « clientèle » ainsi libérée, et dont l'hôpital leur permet aujourd'hui de s'accommoder, n'est peut-être pas tout à fait celle qu'ils souhaiteraient avoir, tout seuls, en exercice libéral.

Mais je parlais d'excuses – à défaut de justifications. Il y en a, c'est sûr, et j'en connais au moins deux.

L'une se situe au niveau de la formation qu'ils ont reçue et qui, entre autres carences, ne les a préparés ni à penser en termes de service public, ni à travailler en équipe, ni à concevoir une politique pluridimensionnelle en rapport avec les complexes responsabilités dont ils se voient chargés : tout cela, ils doivent le tirer de leur propre fonds, ou en faire jour après jour l'apprentissage sur le terrain.

L'autre procède du fait que, sauf exception, le nouveau responsable ne démarre pas à zéro : il trouve sur place un personnel déjà constitué, et qui en a vu d'autres... Il est « attendu » : et peut-être, par certains, « comme le Messie », mais souvent aussi, par d'autres, « comme au coin du bois ». De sorte qu'il lui faudra d'assez puissantes motivations pour ne pas se sentir paralysé, dès les premières propositions qu'il tentera de faire, par la peur d'apparaître trop directif et de susciter ainsi plus de blocages supplémentaires que de véritables avancées. Cette difficulté est tout à fait réelle, et je ne vois pas d'autre moyen de la surmonter – à condition bien sûr d'en avoir le désir – que de prendre en quelque sorte appui sur elle. Puisque le problème se pose vis-à-vis du personnel, c'est *avec le personnel* qu'on pourra le résoudre.

*

Or c'est vrai : globalement, le personnel d'un service est souvent d'un abord difficile, avec ses conflits plus ou moins indurés, ses tensions sous-jacentes, ses complicités parfois inattendues, et l'énorme part de non-dit qui y parasite tant de relations. Certaines des attitudes qu'adoptent les infirmiers ne semblent d'ailleurs pas être directement en rapport avec tel comportement d'un médecin ou telle aberration institutionnelle, et les mêmes conditions de travail sont manifestement vécues de façon très différente selon les personnalités concernées.

Parmi celles de ces attitudes que je tiens pour négatives, et qu'on rencontre tout de même assez fréquemment, j'en désignerai trois :

– le « béni-oui-ouisme » de certains vis-à-vis du responsable médical ;

– l'hostilité *a priori* de certains autres vis-à-vis du même responsable médical ;

– et cette forme de corporatisme particulièrement perverse qui consiste à laisser durablement un autre infirmier se comporter, vis-à-vis de tel ou tel malade, d'une façon que pourtant on juge inadmissible, sous prétexte qu'« on n'a pas le droit de dénoncer un collègue ».

Ce dernier point mérite réflexion. D'une part, l'argument invoqué semble désigner, en contrepartie, un certain droit à l'irresponsabilité : la question est alors de savoir si la principale fonction des soignants est d'apporter leur aide au malade, ou de se soutenir entre eux. D'autre part, cet argument suppose qu'il n'y a pas d'autre issue que le silence ou la dénonciation. Or cela est sans doute vrai aussi longtemps que chacun accepte de demeurer seul, et donc à peu près impuissant, face à ce qu'il condamne : le pouvoir hiérarchique constitue alors l'unique recours. Mais, là où une objection individuelle ne suffit pas à dissuader le « coupable », la concertation avec plusieurs autres soignants permettrait sans doute d'engager avec lui un dialogue efficace. Ici comme ailleurs, en tout cas, le repli individualiste ne peut que déboucher sur l'irresponsabilité collective. Ici, c'est aux dépens du malade.

Que ces infirmiers, à leur tour, ne manquent pas d'excuses, on pourra certes en convenir. Et, là encore, outre les effets plutôt décourageants d'un certain climat institutionnel, j'évoquerai la conception largement inadéquate de la formation qu'ils ont reçue : me réservant d'y revenir par la suite, je me contenterai de noter qu'à mes yeux ils ont été, à vrai dire, plus instruits que formés.

*

Ce que maintenant j'aimerais désigner, c'est un certain nombre de points sur lesquels médecins et infirmiers se rejoignent parfois, dans une sorte d'attitude défaitiste, plus ou moins rationalisée selon les cas : la seule peut-être qu'ils soient alors en mesure de partager.

Il y a d'abord ce que j'appellerai les *exigences irréalistes.* Ainsi le responsable d'un service renoncera-t-il à y entreprendre un travail d'équipe, parce que cela nécessiterait à ses yeux que l'ensemble du personnel y consente déjà ; à une autre échelle, quatre ou cinq infirmiers d'une unité de soin n'essaieront même pas de mettre en œuvre un projet pourtant bien conçu, pour cette seule raison que les autres infirmiers de la même unité ne sont pas d'emblée convaincus de son intérêt. Ce qui revient, ici comme là, à ne vouloir tenter de résoudre que des problèmes déjà résolus. Il est pourtant clair que rien de valable ne se ferait jamais, en aucun domaine, si ceux qui en ont l'idée attendaient pour le faire que tout le monde soit d'accord. Le mouvement ne se prouve qu'en marchant, et ceux qu'aucun discours préalable n'avait pu ébranler se montrent assez souvent convaincus par un début de réalisation. Une équipe ne se constitue pas d'un seul coup, par une sorte de magie instantanée, mais bien de proche en proche – et de façon jamais totale, jamais non plus définitive. Un projet n'a de chances de se réaliser que s'il est conçu de façon suffisamment modeste pour n'avoir pas besoin de compter sur ceux qui n'y adhèrent pas : mais sa réalisation même permettra d'en former ensuite de plus vastes, avec davantage de participants.

Il y a ensuite les *fausses contraintes*. La préférée, bien sûr, la plus généralement invoquée, c'est celle du manque de moyens. Qu'il existe, globalement, c'est une évidence ; et, comme on peut s'attendre à le voir persister, toute attitude de récrimination ne serait ici que temps perdu. Il est assez clair que nous sommes entrés depuis longtemps déjà dans une période, de durée indéterminée, où les budgets nationaux n'augmentent plus d'une année sur l'autre et où les seules chances de progression résident dans une meilleure utilisation des moyens disponibles. Cette redistribution (ce « redéploiement ») risque certes de poser quelques problèmes, de provoquer quelques perturbations. Mais on peut déjà constater qu'elle est tout de même en train, çà et là, de s'effectuer « en douceur » ; et il n'est pas nécessaire de consulter la boule de cristal pour prédire, à l'inverse, d'assez grandes difficultés dans tous les cas où aucune stratégie de substitution n'aura été mise sur pied en temps utile. Sur ce point comme sur beaucoup d'autres, il apparaît plus « payant » d'affronter la difficulté que de s'en faire un alibi.

Le système des « trois-huit » constitue lui aussi un facteur de blocage que beaucoup d'infirmiers ont tendance à considérer comme fatal. Et c'est vrai que ce système cumule les inconvénients ; mais des formules différentes, plus souples, permettant une meilleure harmonisation des attitudes soignantes au fil de la journée, ont pu dans bien des cas être adoptées et jugées satisfaisantes – après avoir été condamnées par certains comme impraticables : ou bien c'était l'Administration qui ne manquerait pas de s'y opposer, ou bien c'étaient les infirmiers qui ne parviendraient pas à se mettre d'accord, ou bien c'était le surveillant chef (ou tel « surveillant de bureau ») qui n'accepterait pas d'avoir à remanier son planning, ou bien c'étaient les médecins qui refuseraient leur consentement, pour quelque obscure raison qu'on leur prêtait d'office...

Or le fait est que tous ces obstacles, et bien d'autres encore, risquent d'être réellement insurmontables aussi longtemps que les différents partenaires, faute d'avoir été invités à s'inscrire dans une entreprise commune, continuent de ne voir en chaque circonstance que leur intérêt personnel le plus immédiat. Les contraintes dont se plaignent médecins et infirmiers, simultanément mais de part et d'autre, cessent au contraire de leur apparaître fatales dès lors qu'ils en viennent à poursuivre ensemble un même objectif.

Il y a, enfin, la *peur du changement :* je veux dire, bien entendu, celle que les uns attribuent aux autres – et réciproquement. Et, comme en effet tout le monde, plus ou moins, l'éprouve, tout le monde a raison. A ceci près que le problème ainsi posé est évidemment insoluble, et que chacun devrait bien commencer par interroger sa propre attitude : sans doute découvrirait-il ainsi, à partir de sa propre complexité, qu'on peut fort bien désirer le changement tout en le redoutant, et qu'on s'agrippe avec d'autant plus de force qu'on s'imagine incapable de donner sens et valeur à quelque situation que ce soit. On aimerait bien que ça change, mais sans les risques du changement : c'est-à-dire sans avoir à s'impliquer dans une action transformatrice dont rien ne saurait garantir la réussite. Ainsi se résigne-t-on souvent à un mode de fonctionnement de plus en plus inefficace, dans la mesure où on se sent moins responsable de le laisser seulement se prolonger que d'assumer un possible échec en essayant de fonctionner différemment. Et, si quelque intervention extérieure nous offre soudain une chance de sortir de l'impasse, notre premier réflexe est d'y voir plutôt une sorte d'agression : un facteur de désordre, une menace pour notre équilibre. Comme si nous n'avions pas précisément le plus grand besoin, et quelque part le vrai désir, de nous arracher à un « ordre » devenu aliénant, de déstabiliser cet équilibre mortifère... Là encore, on le voit, la plus sûre façon d'en sortir n'est certainement pas de se cantonner sur ses positions en incitant les autres à se cantonner sur les leurs.

*

Visant à mettre en relief les principaux points de vulnérabilité de la psychiatrie publique au moment où il lui faut prendre un tournant décisif, je me suis jusqu'ici longuement attardé à décrire certains des phénomènes qu'on peut observer au sein même de l'hôpital. Le parti pris aura pu sembler étrange, quand l'actuelle relance de la sectorisation inciterait plutôt à mettre aujourd'hui l'accent sur les démarches soignantes extra-hospitalières. J'en donnerai brièvement les deux raisons suivantes.

1. Un bon nombre des phénomènes négatifs que j'ai décrits en milieu hospitalier sont parfaitement susceptibles de se reproduire à l'extérieur.

2. S'il est vrai que l'hôpital est condamné dans sa forme présente, il ne s'agit certainement pas de le raser mais bien d'en faire un instrument d'hospitalisation efficace, un lieu où puisse être dispensé un véritable soin psychiatrique. Et il ne s'agit pas pour autant de le débarrasser dans n'importe quelles conditions de tous ces hommes et de toutes ces femmes dont il a si longuement façonné le destin : la psychiatrie de demain ne peut pas s'inaugurer sur la résignation à un pareil holocauste moral.

C'est dans cet esprit que je compliquerai maintenant le tableau en y introduisant la dimension extra-hospitalière.

C. LE SOIN EXTRA-HOSPITALIER ET LE RAPPORT A LA POPULATION DU SECTEUR

Le mot *secteur* désigne, selon les cas, le territoire, sa population [1], ou l'ensemble du dispositif soignant qui leur correspond, y compris les lits d'hospitalisation.

Théoriquement, le secteur, en ce troisième sens, est la véritable

1. Initialement, le secteur avait été conçu en référence d'une part aux normes de l'OMS (trois lits psychiatriques pour mille habitants) et d'autre part à un hôpital de dimensions modérées (six cents lits) : soit un secteur de 200 000 habitants. Ce chiffrage étant apparu excessif, on le divisa par trois : d'où la formulation habituelle, « environ 70 000 habitants » pour éviter de dire 66 666... Correspondant généralement à trois secteurs de psychiatrie adulte, les intersecteurs de psychiatrie infanto-juvénile se retrouvent dans le cas de figure initialement envisagé.

institution psychiatrique de base, et le rôle de l'hôpital se réduit à lui fournir les lits dont elle peut avoir besoin. Dans la réalité, ne pouvant mettre des lits à la disposition de secteurs qui n'ont encore aucune existence institutionnelle, on continue le plus souvent de « sectoriser » à partir des services existants : c'est-à-dire qu'on baptise du nom de « secteur » la plus ou moins réelle projection d'un service vers la population concernée. Rien d'étonnant, dès lors, à ce qu'une telle projection ait assez généralement pour effet de répercuter hors de l'hôpital certaines des carences dont il est lui-même affecté. La sectorisation n'est pas une création *ex nihilo* : elle a commencé par être, elle est encore dans la plupart des cas, un prolongement du système hospitalier. C'est l'administration de l'hôpital qui la gère, et les soignants de l'extérieur se recrutent parmi ceux des services.

Ici encore, bien entendu, aucune sorte de fatalité n'est à l'œuvre : d'incontestables réussites ont pu être enregistrées, de très fructueuses avancées continuent de se produire çà et là, des équipes soignantes en nombre croissant se livrent à une passionnante réflexion sur leur propre pratique. Mais il s'agit toujours d'une faible minorité, trop faible en tout cas pour permettre à la psychiatrie publique de s'assurer d'elle-même dans la conjoncture présente. Il faut donc essayer, avant tout, de préciser les manques : ceux qui ne découlent pas seulement des structures, mais aussi, pour une large part, des choix faits par les hommes dans le cadre qu'elles leur imposent. Du choix aussi, qu'il leur arrive de faire, de certaines structures qui ne leur sont nullement imposées...

*

L'un des tout premiers manques repérables concerne à coup sûr les effectifs rendus disponibles pour une action extra-hospitalière. Une circulaire de 1972 fixait à « un temps plein infirmier par dix mille habitants » l'appoint en personnel qui devait être fourni à un service pour lui permettre de se sectoriser : entre six et sept « temps pleins infirmiers », donc, pour un secteur d'implantation moyenne. Or il faut déjà noter qu'une quinzaine d'années plus tard ce chiffre, pourtant bien modeste, n'est même pas encore atteint dans la grande majorité des cas. Sans doute peut-on invoquer, dans certains départements, la très réelle pénurie budgétaire due à un manque d'intérêt du conseil général pour la sectorisation. Mais il semble bien que d'assez nombreux responsables de secteur se soient tout simplement abstenus de réclamer les effectifs auxquels ils pouvaient prétendre, soit parce qu'ils n'en concevaient pas encore l'utilisation, soit parce que celle-ci les aurait contraints à modifier leur fonctionnement habituel.

Là même où cet apport d'effectifs a été plus ou moins réalisé, la liberté laissée par les textes en ce qui concerne son mode d'emploi a parfois donné lieu à une regrettable dilution du potentiel correspondant. La doctrine officielle, dès la circulaire de 1960, s'y prêtait d'ailleurs assez bien, dans la mesure où elle introduisait la notion d'une « seule et même équipe soignante » travaillant indifféremment dans l'hôpital et hors de l'hôpital : de sorte que certains responsables de secteur se sont avant tout préoccupés d'éviter toute différenciation, au sein de leur personnel, entre soignants du dedans et soignants du dehors. Les « temps infirmiers » qui leur ont été fournis pour le travail extra-hospitalier se trouvent ainsi répartis entre tous ceux de leurs infirmiers qui souhaitent « faire du secteur », ce qui permet en effet à chacun de ces volontaires de quitter de temps à autre l'hôpital pendant quelques heures, pour effectuer une ou deux « visites à domicile » chez d'anciens hospitalisés. C'est ce qu'on appelle aussi le « suivi » du malade en « postcure », et ce n'est certes pas une activité négligeable, mais il est tout de même bien fâcheux qu'elle constitue encore l'essentiel des ambitions de certains responsables, pour leur personnel, en matière de sectorisation.

Autant que je puisse en juger à travers toutes les rencontres qu'il m'est donné de faire, les seules percées réelles en extra-hospitalier sont dues à des soignants expressément détachés dans ce but, et donc réellement disponibles pour une forme d'activité plutôt complexe, qui ne saurait en tout cas s'accommoder d'une perpétuelle fragmentation du temps de travail. Demander à quelqu'un de fonctionner tour à tour et dedans et dehors, c'est le condamner à ne pouvoir s'investir ni d'un côté ni de l'autre : c'est-à-dire à s'éprouver doublement inefficace. J'ai d'ailleurs cru comprendre que le véritable souci du psychiatre responsable n'était point tant, dans certains cas, d'assurer un fonctionnement global cohérent que de fournir une soupape de sécurité à un personnel déçu par l'insignifiance et la vaine répétitivité de ses tâches quotidiennes : ainsi l'impossibilité de mener une politique extra-hospitalière était-elle le prix payé pour faire accepter aux infirmiers l'absence de toute politique au sein du service.

Fallait-il donc aller contre la doctrine officielle et courir le risque, en affectant un certain nombre d'infirmiers à des activités extérieures, de « casser » l'équipe soignante ? Faux problème. D'abord parce qu'on ne saurait casser ce qui n'existe pas : personne n'a jamais vu fonctionner une équipe soignante composée de tout le personnel d'un service. Ce qui peut exister à cette échelle, dans la meilleure hypothèse, c'est un *esprit d'équipe* ; mais le travail concret se fait par petits groupes, nécessairement séparés les uns des autres dans la mesure où ils sont constitués sur des projets différents. Le rôle du responsable est alors d'assurer les articulations entre ces projets, en veillant à maintenir la cohérence de l'ensemble. Il en va de même avec une équipe extra-hospitalière, à ceci près qu'elle aura besoin d'une plus longue durée d'existence que la plupart des autres équipes partielles pour pouvoir mener à bien son propre projet : celui de s'implanter au sein d'une population. Faux problème, aussi, parce que la seule cassure concevable, au niveau de l'ensemble, résulterait de l'incompatibilité entre une politique « intra » et une politique « extra », c'est-à-dire de l'absence d'une politique de secteur.

*

La résignation à ne disposer que d'une équipe extra-hospitalière insuffisamment étoffée, ou d'aucune équipe du tout, semble d'ailleurs avoir souvent comme contrepartie une étrange fascination sur les équipements. Ainsi y eut-il, par exemple, la mode de l'hôpital de jour, précédant celle des « appartements thérapeutiques ». Il fallait avoir le sien ; quitte à se demander ensuite quel en serait le véritable visage, quels malades pourraient en bénéficier, quels soignants seraient en mesure d'en assurer le fonctionnement. Une telle attitude impliquait le refus d'élaborer quelque politique que ce soit, puisqu'elle croyait pouvoir définir les moyens avant d'avoir pensé la fin.

Toute mode mise à part (et les restrictions budgétaires semblent avoir plus ou moins calmé le jeu), le problème se pose aujourd'hui de façon sans doute bien plus aiguë que précédemment. A mesure que se précisait la condamnation de l'asile et que s'amorçait la relance de la sectorisation, le manque de solutions de rechange, d'alternatives à l'hospitalisation, est apparu de plus en plus inquiétant : certains se préoccupant surtout du sort des malades, d'autres de celui des personnels. Mais il est assez remarquable que, sur chacun des deux plans, on ait si souvent, là encore, spontanément raisonné en termes d'équipements plutôt qu'en terme d'équipes. Préférence qui se reflète à merveille dans l'expression « structures intermédiaires », dont on sait quelle a été la vogue depuis son lancement en 1979.

Or il va de soi qu'aucune structure ne saurait être, par elle-même, intermédiaire (sauf en ce qui concerne certains aspects matériels) entre l'hôpital et le domicile personnel du malade : seul le type de soin qu'on y dispense permettra ou ne permettra pas d'éviter une hospitalisation, assurera ou n'assurera pas la transition d'un ancien hospitalisé vers sa réinsertion sociale. Ça commence d'ailleurs à se savoir et à se dire : les structures intermédiaires peuvent à leur tour être génératrices de chronicité. Ainsi apparaît-il qu'un séjour relativement bref dans un hôpital *devenu lieu de soin* éviterait à bien des malades de se chroniciser dans certains hôpitaux de jour.

Tout dépend donc de ce qui se fait, ou ne se fait pas, dans ces structures : c'est-à-dire des personnels qui y sont affectés, de leur capacité soignante, de leur aptitude à travailler en équipe, de la latitude qui leur est laissée de préciser leur propre politique – dans le cadre de la politique globale du secteur. Mais cela suppose précisément que le choix de la structure n'ait pas été effectué *a priori :* qu'il ait au contraire été le fruit d'une réflexion préalable de l'équipe sur les besoins réels des malades, comme sur les possibilités qu'elle aura de rester en rapport avec l'ensemble du dispositif soignant tout en maintenant la structure ouverte sur son environnement social.

*

Un autre danger guette les équipes extra-hospitalières, y compris les mieux étoffées d'entre elles : c'est de se noyer dans le social et dans l'assistantiel. Pour les soignants qui se trouvent du jour au lendemain confrontés aux conditions de vie des malades à l'extérieur, alors qu'ils n'avaient eu affaire jusque-là qu'à leur conditionnement par l'hôpital, il s'agit souvent d'une véritable découverte, aux conséquences diverses. D'une part, ces malades acquièrent à leurs yeux une complexité, une densité humaine qui font plus ou moins défaut aux personnes hospitalisées ; d'autre part, l'importance soudainement prise par cette dimension sociale de la personne, et par les problèmes de tous ordres qui en découlent pour elle, tend à maintenir à l'arrière-plan la prise en considération de ses troubles proprement psychiques.

Ainsi ce qui est trop fréquemment mis entre parenthèses dans l'hôpital, faute d'y pouvoir développer un véritable soin psychiatrique, risque-t-il d'être pareillement éludé au-dehors – à la faveur, paradoxalement, d'un réel progrès dans la connaissance du malade. Alors que cette prise de conscience de son contexte socioculturel devrait leur permettre de le soigner avec une pertinence accrue, il n'est pas rare qu'on voie les infirmiers se transformer tour à tour en déménageurs, en plombiers, en tapissiers ou en garçons de courses, quitte à ce qu'ils déplorent un jour d'avoir « perdu » leur identité de soignants. Une identité que sans doute ils n'avaient pas tous réellement conquise, mais dont le fonctionnement plus rigoureux de l'hôpital pouvait du moins entretenir l'illusion.

Mais l'espèce de dérive que je viens d'évoquer comporte encore un autre inconvénient. Tout cet accompagnement qu'à défaut de soin les soignants fournissent au malade va tendre à accroître sa dépendance institutionnelle, alors qu'il importerait au contraire de favoriser l'émergence, autour de lui, d'un réseau d'aides concrètes issues de son environnement social. De cet environnement, les soignants ne font pas partie : en persistant à fonctionner à sa place, au lieu de s'employer à susciter son entrée en jeu, ils se condamnent eux-mêmes, soit à assister indéfiniment le malade, soit à le laisser totalement démuni le jour où ils devront l'abandonner. Situation dans laquelle se trouvent déjà certaines équipes, dans la mesure où il leur devient impossible de répondre à de nouvelles demandes en continuant d'assurer la quasi-totalité des prises en charge antérieures.

Or c'est bien cette notion de « prise en charge » qui apparaît ici singulièrement fautive. S'agissant du malade hospitalisé, tout le monde n'en tient pas compte mais tout le monde le sait, le véritable objectif des soignants doit être de l'aider progressivement à se prendre en charge. Dans le cas du soin extra-hospitalier, l'objectif est le même, mais le cadre institutionnel doit céder la place à l'environnement social, une solidarité concrète doit progressivement se substituer à une assistance aliénante. C'est ici, en quelque sorte, le milieu social lui-même qui doit être de proche en proche incité à se prendre en charge, en devenant partie prenante de tout ce qui touche à sa propre santé mentale. S'il appartient aux soignants de soigner le malade, c'est le milieu social lui-même qui est seul en mesure de le socialiser ou de le resocialiser, – pour peu que les soignants prennent le temps de l'y convier, au lieu de perdre leur temps à vouloir le faire à sa place.

Sans doute faut-il ici tenir compte d'une assez fréquente réticence des professionnels de la psychiatrie quant aux interventions étrangères auprès de leurs patients, du moins lorsqu'elles ne sont pas dues à des professionnels d'un domaine connexe [1]. Ce qui les inquiète le plus, semble-t-il, c'est l'espèce de porte-à-faux qui ne peut manquer de se produire entre l'influence exercée par ces interventions et l'action qu'ils ont eux-mêmes engagée.

1. Généralistes, travailleurs sociaux, etc. Là aussi, bien sûr, la réticence existe *a priori*. Mais, comme elle est réciproque, et que les raisons de coopérer ne tardent guère à devenir impérieuses, on réussit généralement, de part et d'autre, à la surmonter.

Tout se passe comme s'ils redoutaient de ne plus contrôler la situation, d'en perdre la maîtrise ; c'est d'ailleurs un sentiment du même ordre qui déjà sous-tend les réactions négatives de certains médecins quand un infirmier s'engage dans un vrai dialogue avec un malade qu'ils ont en psychothérapie.

Or je tiens ces réactions pour naturelles. Ce sont les miennes, à l'occasion, dans des domaines où je fonctionne : comment ne serions-nous pas tout d'abord agacés quand l'irruption d'un tiers vient bousculer la subtile ligne de conduite que nous nous étions fixée et parasite une relation dont l'évolution nous paraissait féconde ? Ma conviction est toutefois qu'il importe de les surmonter au plus vite parce qu'elles sont inutilement paralysantes, et aussi en raison de leur évidente naïveté. Car nous ne maîtrisons jamais, bien sûr, aucune situation relationnelle... Mais il se peut que la psychiatrie soit encore travaillée, çà et là, par le fantasme d'une médecine hospitalière où les contraintes techniques justifient le maintien du patient *in vitro,* en milieu aseptisé, à l'abri de toute pollution extérieure.

Sans aller certes à ces extrémités, bien des psychiatres semblent du moins n'être pas encore parvenus à porter un regard positif sur les facteurs humains susceptibles d'interférer avec leur démarche soignante. Là où ils sont enclins à ne voir que de fâcheuses perturbations, peut-être gagneraient-ils pourtant à détecter autant d'occasions, pour eux, d'adopter sur le malade un point de vue nouveau, de saisir un autre aspect de sa personnalité ; autant d'occasions aussi, pour le malade lui-même, de réhabiter progressivement son espace social en ayant à y répondre à une diversité de sollicitations.

De toute manière, l'apport des autres est inévitable, et peut rester souvent totalement ignoré : de sorte que les succès ou les échecs dont les thérapeutes sont parfois tentés de se glorifier ou de se sentir coupables peuvent fort bien être dus à cet apport, ou avoir en tout cas résulté de ses interférences avec la démarche soignante. Mieux vaut, dès lors, lui reconnaître d'emblée sa place et s'efforcer d'en tirer le meilleur. Car, si cet apport extérieur n'est pas directement contrôlable, une dimension importante du travail thérapeutique peut bien consister à en repérer les incidences chez le malade, pour l'aider à en assurer lui-même le contrôle.

La réflexion contemporaine peut d'ailleurs largement encourager les soignants à réviser ainsi leurs perspectives spontanées, par l'insistance qu'elle met, dans tous les domaines, à nous désigner le « désordre » et le « bruit » comme les conditions mêmes d'une évolution positive – pour chaque être humain et pour les groupes sociaux [1] aussi bien que pour les organismes vivants. Car il n'est point de progression sans crise ; et nous avons besoin d'être assez souvent dérangés pour nous maintenir en prise sur la réalité : pour ne pas trop risquer, en somme, de nous chroniciser.

*

La réticence n'en subsiste pas moins : elle détourne encore de trop nombreux soignants de mettre à profit le potentiel humain que recèle toute population pour favoriser la resocialisation (ou éviter la désocialisation) des malades. Mais, sauf cas limites, tout me porte à penser qu'elle n'est nullement insurmontable.

En fait, j'ai surtout rencontré des soignants qui n'avaient jamais été conduits à mettre en question leur propre attitude à cet égard. Et cela m'a paru lié au fait qu'ils fonctionnaient, depuis plus ou moins longtemps déjà, selon une conception implicite de la maladie mentale et du soin psychiatrique : conception qui leur semblait d'autant plus assurée qu'ils n'avaient pas pris la peine de la formuler. Ainsi projetaient-ils spontanément sur les situations extra-hospitalières le principe même qui avait ordonné leur travail au sein de l'hôpital : tout malade doit faire l'*objet* d'un *traitement* dispensé par des *techniciens.* La doctrine officielle de la sectorisation, si la fantaisie leur était venue d'en prendre connaissance, les aurait plutôt encouragés, d'ailleurs, à se laisser glisser sur cette pente : car on y présentait d'emblée le rôle de l'équipe soignante dans une perspective technocratique, où la santé mentale des populations concernées devait en quelque sorte

1. Institutions comprises, bien entendu...

être prise en charge en leur absence. Affaire de spécialistes, d'où les profanes ne pouvaient que demeurer exclus, pour raison d'incompétence [1].

Sur des points de ce genre, une assez sensible évolution se manifeste dans différents secteurs de la vie sociale. Un nombre croissant de personnes ne se satisfont plus de confier purement et simplement la solution de leurs problèmes aux techniciens qualifiés : elles revendiquent la possibilité de prendre part au choix et à la mise en œuvre de cette solution. Ainsi des usagers entreprennent-ils d'interroger les professionnels, et certains professionnels s'efforcent-ils déjà de se mettre à la disposition des usagers pour les familiariser avec leur domaine de compétence : pour leur permettre un meilleur usage des services qu'ils peuvent en attendre. Or il semble en effet capital que soit peu à peu réduit le fossé, trop longuement creusé dans notre société, entre les experts et les profanes, entre ceux qui savent tout à notre place (y compris comment nous devons venir au monde, être élevés, être soignés, faire l'amour ou vieillir) et nous-mêmes, qui n'aurions nul besoin de le savoir puisqu'il est si simple de s'en remettre à eux. J'entends bien que la demande n'est pas encore très pressante en ce qui concerne la psychiatrie : la maladie mentale tend plutôt à l'oblitérer chez les usagers les plus directs, et fonctionne souvent comme un épouvantail vis-à-vis des autres. Mais c'est précisément là que le problème se pose, et désormais sous la forme la plus aiguë, aux professionnels de la psychiatrie.

Car il était déjà relativement hardi, en service hospitalier, de prétendre soigner des troubles psychiques en y faisant aussi peu que possible allusion auprès de ceux-là mêmes qui en étaient porteurs ; mais il serait cette fois tout à fait surréaliste d'imaginer

1. L'intérêt d'un dialogue entre les soignants et des éléments de la population (instances diverses, associations ou personnes privées) était même tellement absent des préoccupations ministérielles qu'une circulaire de 1972, décrivant la composition type de l'équipe soignante, ne fit état des infirmiers que sous la mention « etc. » : or il est assez clair qu'ils constituent l'unique moyen d'entrer utilement en relation avec l'environnement social des malades. Certains responsables médicaux semblent d'ailleurs en être restés là, dans la crainte où ils sont que leurs infirmiers ne soient trop maladroits ou manquent de savoir-faire : ainsi les tiennent-ils à l'écart de certains contacts, se réservant de les prendre eux-mêmes – et parfois négligeant de le faire.

qu'une poignée de professionnels puisse éponger, au-dehors, les troubles psychiques d'une population sans du tout recourir à elle, sans l'aider, de proche en proche, à désacraliser la folie en s'interrogeant sur les conditions et les moyens de sa propre santé mentale.

*

Autant dire que le moment est venu pour les soignants de *s'interroger eux-mêmes,* s'ils veulent être en mesure d'entrer en dialogue avec une population – mieux encore : d'inciter cette population à entrer en dialogue avec elle-même. Et, comme ils n'y sont pas tous, d'emblée, pareillement préparés, sans doute faut-il que certains d'entre eux en prennent l'initiative, posant ouvertement les questions qui leur paraissent essentielles et incitant les autres à poser les leurs.

L'urgence absolue, aujourd'hui, c'est de secouer la torpeur et le découragement sécrétés par l'ambiance asilaire, c'est de réveiller les énergies et de libérer les esprits pour les tâches nouvelles qui se proposent, c'est de rouvrir des situations qui sont encore, çà et là, ruineusement bloquées. Or une situation ne peut *s'ouvrir* et *prendre sens* que lorsque ceux qui la vivent se mettent à *l'interroger :* c'est-à-dire avant tout à *l'imaginer différente,* et donc à la tenir pour susceptible d'évoluer.

De tous les manques que j'ai tenté de signaler, parmi ceux qui me semblent mettre la psychiatrie publique en péril, il n'en est pas un qu'on ne puisse rattacher à un manque plus fondamental qui est un *manque de sens.* Là où l'exercice même de la psychiatrie n'a pas de sens pour les soignants, quelle pourrait bien être son efficacité vis-à-vis des soignés ? Et comment prendrait-il sens aux yeux des soignants quand tout se passe pour eux comme s'il était le seul possible, parce qu'ils ne disposent pas des éléments qui leur permettraient d'en concevoir quelque autre ? Le sens unique, en matière humaine, c'est la condamnation au non-sens.

Pour nous intéresser activement à notre travail, pour attribuer quelque valeur à nos propres actes, nous avons tous besoin de ne pas nous sentir prisonniers d'une trajectoire préétablie ou réduits à ne fournir que des réponses « standards ». Confronté à la souffrance d'une personne concrète, le soignant doit pouvoir en respecter la complexité en l'abordant selon différents éclairages, en lui posant différentes questions. C'est dire qu'il doit disposer d'une *problématique* assez diversifiée bien plus que s'en remettre à un savoir trop assuré de soi. Sur tous ces points, je reviendrai longuement par la suite. Je voulais seulement marquer ici, avant de désigner quelques priorités plus aisément objectivables, que la priorité absolue, en fin de compte, ce sera tout de même à mes yeux cet appel à l'imagination, cet élargissement de l'horizon, cette relance du sens.

*

Mais, avant même de clore le présent chapitre, je vois bien qu'il me faut – si brièvement que ce soit – tenter d'y justifier un certain nombre d'absences : tout au moins celles qui auront pu surprendre le plus.

Dans l'équipe soignante, par exemple, je n'ai fait figurer ni les psychologues ni les assistantes sociales. Or je ne suis nullement enclin à sous-estimer leur importance ; j'ai plutôt tendance à leur attribuer avant tout un rôle de médiateurs entre les deux pôles du soin psychiatrique : les médecins et les infirmiers. Une fois surmontées les difficultés qu'ils ont souvent à trouver leur juste place, bien des psychologues travaillent très utilement à introduire la dimension psychogénétique dans des équipes encore trop marquées par la seule référence à la nosographie, ou à mettre une certaine qualité d'écoute à la disposition des soignants dans les phases difficiles de leur relation aux soignés. Quant aux assistantes sociales, l'immense intérêt de leur fonction est qu'elle les situe constamment aux points les plus concrets, et parfois les plus critiques, des interférences entre la dimension sociale du malade et ses troubles psychiques. De toute façon, les uns et les autres risquent fort de réapparaître dans le cours des chapitres suivants.

Je n'ai pas davantage mentionné deux autres catégories de

travailleurs qu'on rencontre aussi dans les services hospitaliers, les ASH et les ASI [1] : mais cela tient seulement au fait que leur plus grande vertu consiste à mes yeux à ne pas faire partie de l'équipe soignante, ce qui peut à l'occasion permettre aux hospitalisés d'établir avec ces personnes un type de rapports par où ils échappent plus ou moins à leur pur statut de malades.

...Et, si je n'ai à peu près rien dit des surveillants, surveillants chefs, etc., c'est qu'ils sont *a priori* inclus dans la catégorie des infirmiers. Il importe cependant de noter qu'ils occupent en outre une position particulièrement délicate, dans la mesure où leur statut hiérarchique en fait tout aussi bien des représentants de la fonction infirmière auprès des médecins que des porte-parole de l'autorité médicale auprès des infirmiers. Autre ambiguïté, évidemment liée à la précédente : on entend leur confier un rôle d'animation et de stimulation, tout en comptant sur eux pour faire appliquer certaines mesures autoritaires. Ainsi leur faut-il beaucoup de vigilance s'ils veulent éviter de devenir des écrans plutôt que des médiateurs, ou des petits chefs plutôt que de vrais *leaders.* Et sans doute aucune vigilance n'y saurait-elle suffire, en l'absence de toute politique susceptible de donner sens aux activités quotidiennes des soignants : l'animation pour l'animation, sans autre finalité qu'elle-même, ça ne tiendra pas longtemps ; et quelle médiation s'agirait-il d'établir entre des infirmiers résignés à n'être plus que des exécutants et des responsables médicaux qui s'en arrangeraient fort bien ?

Mais peut-être mon silence aura-t-il davantage surpris à propos des gestionnaires, et tout particulièrement des directeurs d'hôpitaux : il était pourtant, sur ce point, plus fortement motivé que sur n'importe quel autre. Mon sentiment est en effet que le sort de la psychiatrie se joue en ce moment à deux niveaux : celui du contenu concret, du travail sur le terrain, et celui du cadre que lui imposent les structures à l'échelle nationale.

En choisissant provisoirement de tenir tout le reste pour secondaire, j'ai voulu poser une bonne fois les problèmes du soin psychiatrique *au niveau même des soignants,* c'est-à-dire de ceux,

1. Auxiliaires du service hospitalier et auxiliaires du service intérieur.

médecins et infirmiers, dont dépend *en tout premier lieu* la solution de ces problèmes – quels que soient par ailleurs les attitudes et les comportements d'autres partenaires agissant à des niveaux différents. Ainsi ai-je tenu compte d'une certaine logique institutionnelle, parce qu'elle fait partie du donné au même titre que les structures nationales, mais non point des gestionnaires de l'institution, afin d'éviter que ne soient bientôt confondues, et donc ensemble rejetées, les responsabilités des uns et les responsabilités des autres. La psychiatrie est d'abord une affaire de soignants, et l'on ne peut indéfiniment noyer le poisson en s'efforçant de parler d'autre chose. Là où des équipes soignantes ont quelque chose à dire, une politique à faire valoir, des propos à soutenir, les gestionnaires s'y montrent d'ailleurs rarement hostiles : certains d'entre eux parce qu'ils en voient fort bien l'intérêt, d'autres par honnêteté ou par simple prudence. Mais ça se négocie, bien sûr ; et, si les responsables médicaux répugnent parfois à « marchander » avec les responsables de la gestion, il se trouve aussi quelques gestionnaires pour décourager quiconque d'engager le dialogue avec eux. Affaire à suivre, un peu plus loin...

Reste une absence de taille, celle des thérapeutiques médicamenteuses et des conséquences qui en résultent pour les malades. Première raison : éviter, là encore, les amalgames et le confusionnisme. Introduire d'emblée les effets iatrogènes d'un certain recours à la chimiothérapie, c'est renoncer à faire pleinement apparaître ceux qui procèdent déjà de la logique institutionnelle, de certains types de rapports entre les soignants et de certains comportements des soignants vis-à-vis des soignés. Deuxième raison : l'attitude qu'on adopte vis-à-vis des « psychotropes » déborde largement le domaine de leurs inconvénients immédiats. Elle implique une prise de position sur leur niveau d'efficacité, et donc sur la nature même de la « maladie mentale » : questions fondamentales, que je prendrai le risque d'aborder dans la quatrième partie de cet essai.

II

LES PRIORITÉS

Les *structures* sont ce qu'elles sont ; mais quand il s'agit des *conditions sur le terrain,* et surtout au niveau des attitudes, un certain arbitraire ne peut manquer d'intervenir dans la description. J'ai certes veillé à ne prendre en compte que des phénomènes suffisamment répandus et relativement objectivables : ceux qui me paraissent constituer des handicaps d'une réelle gravité en un moment où les circonstances contraignent la psychiatrie publique à se renouveler. Reste que ces phénomènes pourraient sans doute donner lieu à des appréciations différentes, ou même être tenus pour secondaires en comparaison de quelque autre dont je n'ai point parlé. Or cette inévitable part de subjectivité va naturellement se retrouver dans ma désignation des *priorités,* c'est-à-dire des points sur lesquels je considère qu'un effort tout particulier devrait être d'urgence entrepris, en rapport précisément avec ces handicaps dont j'ai cru pouvoir signaler la fréquence sur le terrain. Où le diagnostic est incorrect, le traitement risque fort de l'être aussi : il m'arrive pourtant de me rassurer en pensant que, si « diagnostic » il y a, j'ai du moins eu la possibilité, dans la plupart des cas, de m'en entretenir avec le « malade » lui-même...

1

Résorption du passif hospitalier

Compte tenu de la pression exercée par la conjoncture et que traduisent les directives du IXe Plan, un vigoureux effort de *déchronicisation* constitue sans doute l'objectif numéro un, la priorité parmi les priorités, pour un grand nombre de secteurs psychiatriques. Il s'agit d'éviter que des quantités d'hommes et de femmes qui ont déjà subi la suraliénation asilaire ne soient en outre victimes, dans les deux ans qui viennent, d'une déshospitalisation sauvage. L'hypothèse n'a rien de gratuit : de véritables « externements d'office » ont déjà pu être observés çà et là, touchant des personnes qui n'y avaient été nullement préparées. Et ce qu'on peut aujourd'hui redouter, c'est une généralisation de cette procédure à l'approche des échéances officiellement fixées [1].

Dans la mesure où cette suraliénation des malades est liée au fonctionnement institutionnel, qui n'est lui-même possible qu'avec un minimum de complicité de la part des soignants, il va donc falloir que ceux-ci entreprennent de déchroniciser l'institution en se déchronicisant eux-mêmes, s'ils veulent pouvoir aider les malades à s'arracher au sommeil asilaire.

Concrètement, d'ailleurs, les deux démarches n'en font qu'une : c'est un même et nouveau regard qui permet à chacun d'entre eux, tout à la fois, de repérer les processus auxquels il importe

1. On peut évidemment considérer qu'un certain nombre de chroniques resteront hospitalisés, parce qu'il aura été impossible de les « caser » ailleurs. Mais ils ne le seront pas dans les mêmes unités, avec le même personnel soignant. Ce sera là aussi un très réel bouleversement de leurs habitudes, et il importe d'autant plus de les y préparer que leurs nouvelles conditions de vie risquent d'être encore moins stimulantes que celles qu'ils auront connues jusque-là.

de mettre fin et de découvrir la part qu'il prenait à leur déroulement.

Ce nouveau regard ne procède d'aucune science, d'aucune technique particulière : il consiste simplement à retrouver la personne par-delà le malade, à postuler un sujet là où n'apparaissait plus qu'une sorte d'objet. Ce regard qui anticipe sur la vision immédiate, qui parie sur ce qui n'est pas d'emblée manifeste, c'est celui dont nous avons tous besoin, les uns vis-à-vis des autres, pour nous reconnaître en tant que consciences humaines dans bien des situations qui tendraient plutôt à nous objectiver, à nous « chosifier ». Il faut réentendre ici le proverbe africain : « L'homme blanc ne voit que ce qu'il sait. » Ce qu'il sait, ou ce qu'il croit savoir ; ce qui l'arrange, ce qui le rassure, ce qui lui évite d'aller y voir de plus près. C'est en somme se hâter de voir... pour n'avoir pas à regarder. Bergson – homme blanc – le disait aussi : « Nous ne voyons pas les choses elles-mêmes ; nous nous bornons le plus souvent à lire les étiquettes collées sur elles. » Or il semble bien que l'étiquette de « malade » soit souvent beaucoup trop lisible... On connaît l'histoire de ce chercheur américain qui s'était fait admettre dans un hôpital psychiatrique pour les besoins de son expérimentation, et qui y prit ouvertement pendant son séjour des quantités de notes, auxquelles personne ne s'intéressa ; au moment de sa sortie, il demanda communication de son dossier médical, où il put lire cette intéressante précision : « est atteint de graphomanie ». La chose était claire : puisqu'il était malade, cet homme ne pouvait pas vraiment écrire ; ce n'est pas lui qui écrivait, c'est sa maladie ; l'écriture, chez lui, avait cessé d'être un acte signifiant pour devenir un pur symptôme.

Ne nous hâtons pas de penser qu'il s'agit là d'un cas exceptionnel, d'une limite rarement atteinte : sous des formes diverses, moins spectaculaires sans doute mais peut-être d'autant plus pernicieuses, le phénomène peut se produire à longueur de journée dans tout service où les soignants n'ont pas remis en question leur propre regard sur les malades. Où ils peuvent donc continuer, en toute bonne foi, à identifier la personne du soigné non plus même à sa maladie mais à l'*objet de traitement* qu'elle est progressivement devenue sous leurs yeux – et plus ou moins par leurs soins... Y compris dans les cas où le traitement ne consiste plus guère qu'en un maintien sur les lieux. Et c'est vrai qu'il ne suffit pas de décider qu'on change de regard pour en finir aussitôt avec une foule de comportements quotidiens qui, au fil des années, sont devenus de véritables conditionnements. Il faut très peu de temps pour comprendre qu'il y a autre chose à faire, mais il en faut davantage pour désapprendre telle ou telle pratique, devenue un quasi-réflexe. Et cela d'autant plus que les pratiques en cause ont parfois été motivées par les meilleures intentions, ou du moins longuement vécues comme tout à fait innocentes.

D'où la nécessité d'un travail du soignant sur lui-même, afin de parvenir de mieux en mieux à dépister ses propres attitudes, à repérer les effets objectivants, dépersonnalisants ou déresponsabilisants de certains de ses comportements et de ses propos. Travail sur lui-même, certes, mais plus concrètement sur sa relation quotidienne au malade, sur ce que cette relation peut avoir de fictif aussi longtemps qu'il n'y recherche pas activement, en tant que sujet, la rencontre avec un autre sujet. Travail, aussi, dont la poursuite serait fort malaisée et l'efficacité plus qu'incertaine s'il était entrepris de façon isolée : chacun a besoin de pouvoir partager ses efforts avec d'autres pour s'assurer de leur sens et pour contrôler, chemin faisant, sa propre lecture de telle ou telle situation.

*

Il reste que ce travail doit donner lieu à une action, à une pratique transformatrice, dont l'efficacité dépendra pour une large part de la façon dont elle aura été projetée. La *mise en projet* constitue en quelque sorte la clef de la mise en œuvre. Encore faut-il s'entendre sur le sens même du terme ; un projet n'est pas un plan. Il ne prétend pas définir par avance les étapes successives de la réalisation ; il pose un objectif final et désigne, parmi les objectifs intermédiaires qui permettront de l'atteindre, ceux dont on estime qu'ils doivent être poursuivis en priorité. Il nous dit en somme quels sont les premiers moyens que nous devons nous donner pour pouvoir aller plus loin : ainsi verrons-nous se préciser, de proche en proche, d'autres objectifs partiels, dont la succession devra tendre à nous rapprocher du but. *A la différence du plan,* qui impose au départ une programmation rigide, *le projet est une forme dynamique :* son contenu est évolutif, mais la cohérence en est d'un bout à l'autre assurée par la finalité qui le sous-tend.

Celle-ci doit par ailleurs être définie de telle sorte qu'on puisse évaluer les résultats obtenus en comparant certains aspects de la situation nouvelle aux aspects correspondants de la situation initiale. A cet égard, le projet doit aussi comporter la limitation de sa durée de mise en œuvre. Peut-être le but n'aura-t-il pas été atteint à l'expiration du délai : mais du moins sera-t-on ainsi contraint de s'interroger sur l'efficacité de la démarche – quitte à s'accorder un nouveau délai si l'on estime que cette démarche mérite d'être poursuivie. Une double exigence doit ici être prise en compte, après avoir été si longuement ignorée dans l'hôpital-« lieu de vie » : les malades sont là pour y évoluer de façon positive, et les soignants n'ont pas l'éternité devant eux pour favoriser cette évolution.

Un autre aspect important du projet est constitué par la mention explicite de ceux qui ont participé à sa conception et qui s'engagent dans sa réalisation. Sur ce point comme sur les précédents, il apparaît donc nécessaire que le projet donne lieu à une rédaction commune, celle-ci constituant d'ailleurs la plus sûre garantie d'une véritable élaboration : l'obligation de formuler avec précision entraîne parfois celle de repenser ce qu'on avait d'abord tenu pour évident. Dernier avantage, et non des moindres : le document ainsi établi pourra servir de base pour l'information de ceux des soignants qui n'auront pas d'emblée pris part à l'entreprise.

*

En ce qui concerne maintenant la finalité des actions à entreprendre, il me semble qu'on peut généralement distinguer deux cas de figure : travail auprès d'un malade ou d'un groupe de malades ; travail visant à modifier un aspect du fonctionnement, ou le fonctionnement global, de l'unité de soin.

1. Dans le premier cas, le problème du choix risque de se poser d'emblée en termes idéologiques. Il arrive en effet qu'un certain égalitarisme paralyse les initiatives des soignants, sur le thème : « tous les malades ont droit aux mêmes soins ». Admirable en soi, ce principe a déjà l'inconvénient d'être très souvent bafoué, dans la réalité, par suite de la composition hétéroclite des hospitalisés dans la plupart des unités de soin. Mais, à supposer qu'un effort d'homogénéisation le rende applicable, c'est alors son application même qu'on pourrait être conduit à déplorer : prétendre travailler également avec tous dans une période donnée, c'est – compte tenu du petit nombre de soignants disponibles par unité – se condamner à ne travailler vraiment avec personne. De sorte que la seule tactique concevable me paraît être de cibler les efforts, de focaliser l'attention tour à tour sur un malade, ou sur quelques malades, afin de déclencher une évolution qui nécessitera par la suite une présence moins soutenue. Étant bien entendu que cette formule de priorités tournantes doit concerner les soignants tout autant que les soignés, faute de quoi une partie des infirmiers se partageraient en permanence les tâches les plus gratifiantes, cependant que les autres se verraient indéfiniment cantonnés dans l'expédition des affaires courantes.

Reste le problème, plus concret, des raisons qu'on peut avoir de « mettre le paquet », pour commencer, sur tels malades plutôt que sur tels autres. Ici, en tout cas, une première précaution s'impose : examiner l'histoire et le comportement actuel de chacun avec assez d'attention pour ne pas se lancer dans un travail de déchronicisation avec une personne qui aurait avant tout besoin d'un véritable soin psychiatrique. Au demeurant, là même où le soin eût été impraticable sans une déchronicisation préalable, celle-ci pourra fort bien – au fur et à mesure qu'elle progressera – permettre la réémergence du trouble psychique initial, qu'il conviendra alors de soigner.

Par ailleurs, entre deux « chroniques » avec lesquels on juge possible d'entreprendre le travail, je suggérerais qu'on choisisse de commencer par celui des deux qui semble le plus susceptible d'en tirer profit. Je suis en effet de plus en plus convaincu que de nombreux soignants ne sont pas encore parvenus à former des projets qui redonneraient sens à leur activité professionnelle, et qu'ils ne seront encouragés à le faire que dans la mesure où ils verront leurs premières initiatives porter leurs fruits, où ils éprouveront le plaisir d'atteindre tel ou tel but qu'ils se seront eux-mêmes fixé : c'est pourquoi il me paraît souhaitable que leurs premiers objectifs soient clairement circonscrits et relativement modestes.

2. Le second cas de figure, celui d'un travail sur le fonctionnement de l'unité de soin, doit sans doute être considéré, par rapport au premier, non comme une possible alternative mais comme un complément nécessaire. Et cela pour plusieurs raisons. Mieux vaut éviter, tout d'abord, une trop sensible distorsion entre l'effort de changement demandé à certains malades et le statisme de l'organisation quotidienne qui continue de leur être imposée : une ambiance générale décourageante ou le maintien de certaines règles manifestement contraires au but poursuivi risquent de rendre inefficace le travail entrepris au plan individuel. Il est d'autre part souhaitable que s'exerce un effort d'entraînement global sur ceux des malades qui ne sont pas encore personnellement concernés. Et l'on peut enfin tenir pour indispensable que tous les soignants de l'unité soient, d'une manière ou d'une autre, effectivement impliqués dans un projet de déchronicisation.

Quant à leur contenu, les modifications apportées dans le fonctionnement de l'unité pourront être fort diverses ; il s'agira par exemple de moduler l'heure du lever, ou de rendre plus conviviale la prise des repas, ou d'organiser des moments de libre conversation, agrémentés d'une tasse de café ou de chocolat, entre l'ensemble des soignants et l'ensemble des soignés, ou de mettre progressivement ces derniers en mesure de s'habiller avec leurs effets personnels ou de gérer eux-mêmes leurs prises de médicaments. A première vue, l'enjeu semble parfois très secondaire, presque dérisoire ; mais on s'aperçoit très vite que tout changement réel, si modeste soit-il, introduit une dynamique positive : à la fois parce qu'il fait apparaître, de proche en proche, la nécessité d'autres changements, et parce que le seul fait qu'il ait pu se produire rompt déjà le sortilège maléfique, secoue l'espèce d'hypnose, que sécrète une situation trop longuement tenue pour fatale. A partir de là, chaque prétendue impossibilité deviendra contestable, les contraintes « objectives » seront mises en question, l'immobilisation perdra ses alibis.

L'exemple de l'habillement des malades, lorsqu'ils ne portent pas leurs effets personnels, met particulièrement en relief la richesse des interactions qu'on peut déclencher dans l'ensemble du système en entreprenant d'agir sur un seul de ses points. Car il va bientôt falloir, notamment : reprendre contact avec une famille plus ou moins oubliée ; intervenir, le cas échéant, auprès du tuteur pour débloquer les sommes nécessaires ; amener le « chronique » dans différents magasins et l'aider à faire ses propres choix ; passer un accord avec la buanderie de l'hôpital, ou obtenir que l'unité soit pourvue d'une machine à laver, pour l'entretien du linge de corps ; apprendre aux malades à assumer eux-mêmes cet entretien, etc. Mais, corrélativement, l'apparence extérieure des personnes va se modifier : les soignants auront d'elles une image différente, dont elles ressentiront à leur tour les effets, jusqu'à redevenir elles-mêmes soucieuses de leur propre image. En récupérant ainsi une sorte d'identité, au regard des autres et à leurs propres yeux, elles cessent de se confondre avec leur statut de malades, reprennent confiance en elles-mêmes, communiquent plus volontiers entre elles et avec les soignants. Ainsi vont-elles, de proche en proche, réapprendre à désirer, s'intéresser au monde extérieur, assumer çà et là quelques responsabilités, manifester certaines exigences, se vouloir un peu plus autonomes dans tel ou tel domaine. Pas toutes, bien sûr ; et peut-être seulement, dans un premier temps, un petit nombre d'entre elles : mais ce petit nombre constituera déjà, pour la suite, un succès décisif.

Une forme particulière de notre second cas de figure permet assurément d'obtenir en plus grand nombre, et dans de meilleurs délais, des évolutions du même ordre. Mais elle suppose une conjoncture assez peu fréquente, puisqu'il s'agit de consacrer toute une unité de soin à un ensemble de personnes expressément désignées comme pouvant donner lieu à une déchronicisation. Sans doute est-il alors préférable que le personnel soignant soit volontaire pour ce type de travail, la différence avec le travail habituel concernant d'emblée, cette fois, non plus tel aspect particulier du fonctionnement de l'unité mais son fonctionnement global. La principale difficulté que rencontre la mise en œuvre de cette formule ne réside pas, comme on pourrait le penser, dans les risques encourus par les malades du fait d'une plus grande autonomie : elle procède de l'idée *a priori* que se font de ces risques les soignants des autres unités...

Dans tous les cas, il semble bien qu'une entreprise de déchronicisation doive s'exercer au moins sur trois plans différents, si elle a pour objectif une réinsertion sociale [1]. Il s'agit en effet de fournir aux « chroniques » une triple préparation : d'ordre psychique, d'ordre technico-culturel et d'ordre socio-économique.

Sur le premier de ces trois plans, l'obstacle essentiel à une autonomisation est évidemment constitué par l'angoisse : par cet énorme sentiment d'insécurité que l'on ne peut manquer d'éprouver à la seule idée d'avoir de nouveau à exister par soi-même, à compter sur soi, à répondre de soi, après une longue période de vie où l'on a été totalement pris en charge, incité à s'en remettre en toutes circonstances à une omniprésente institution. Si la perspective d'une resocialisation est d'emblée formulée, l'angoisse risque alors d'être portée à son comble : car il ne s'agira plus seulement de se réactiver au sein de l'hôpital, dans ce milieu familier et hyperprotégé, mais d'affronter un monde extérieur sur lequel on a perdu toute prise, qui doit avoir plus ou moins changé d'aspect et dont on sait bien qu'il risque de n'être pas globalement accueillant. A cet égard, des groupes de parole, réunissant périodiquement cinq à six « chroniques », leur per-

1. Je rappelle ici que certains « chroniques » ne pourront pas être socialement réinsérés, mais qu'il n'en est pas moins nécessaire de leur restituer le maximum d'autonomie, quelle que soit la structure d'hébergement qui leur sera destinée.

mettent dans bien des cas de surmonter leurs craintes en en parlant librement, surtout lorsqu'un ou deux membres du groupe sont moins angoissés que les autres ou ont récemment vécu quelque début de réinsertion. L'idéal étant évidemment que le groupe ait la possibilité de s'entretenir avec des personnes qui ne sont déjà plus du tout hospitalisées.

Le second plan est celui des réapprentissages. Bien des comportements de la vie quotidienne en société ont été désappris. Faute d'applications pratiques, les techniques les plus élémentaires et parfois même les savoir-faire les plus humbles se sont effondrés : on n'est plus capable de remplir des formulaires administratifs, ou de tenir compte des prix dans un magasin, ou de moduler les dépenses du mois en fonction des sommes disponibles, ou de faire un minimum de cuisine, ou de prendre seul un moyen de transport, ou de se servir soi-même à table... Pareillement, et d'un point de vue cette fois plus culturel que technique, on est devenu paresseux en matière de communication avec les autres et l'on ne fait plus aucun effort de sociabilité ; on ne s'intéresse guère aux événements extérieurs, et nombreux sont ceux qui, médicaments aidant, ne lisent même pas le journal ou ont du mal à suivre une émission télévisée. D'où la nécessité d'un éventail de stimulations, entre lesquelles on choisira chaque fois selon la personnalité concernée.

Au plan socio-économique, il s'agit d'envisager, corrélativement, les difficultés relationnelles (risque de solitude ou de mésentente avec les voisins) et les problèmes d'intendance (logement, budget personnel, etc.) auxquels la personne va se trouver confrontée dès sa sortie de l'hôpital. Mais cela suppose déjà qu'une réelle implantation extra-hospitalière ait pu s'effectuer dans le secteur dont relève l'unité.

*

Si j'ai tenu à examiner dans le détail certaines démarches de déchronicisation, ce n'est point que je les tienne pour les seules possibles : elles me sont seulement plus familières que d'autres, et je suis par ailleurs convaincu que chaque équipe soignante doit de toute façon réinventer les siennes. En fait, mon souci d'explicitation aurait aussi bien pu s'appliquer à des démarches différentes : sans doute aurait-il permis d'en dégager des conclusions tout à fait analogues, sur quelques points que je tiens pour essentiels.

Car il nous a suffi de poser au départ le seul thème de la déchronicisation en milieu hospitalier pour nous voir bientôt contraints de réintroduire la nécessité du soin proprement dit et celle d'une implantation extra-hospitalière, – cependant qu'émergeaient tour à tour d'autres nécessités, concernant cette fois l'organisation même du travail psychiatrique. C'est à l'énumération de ces dernières que je vais brièvement procéder, avant de m'attarder plus longuement sur les deux autres.

Nécessité, tout d'abord, de se fixer des *objectifs,* de former des *projets.* Il faut être plusieurs pour cela : un petit groupe d'infirmiers par exemple, qui devra obtenir l'accord du médecin responsable pour la mise en œuvre.

Mais il ne suffit pas de travailler avec tels ou tels malades : d'où la nécessité de former quelque *projet à l'échelle de l'unité de soin.* Ce qui suppose notamment que celle-ci dispose d'un minimum d'autonomie et ne soit pas automatiquement contrainte d'aligner ses modalités de fonctionnement sur celles des autres unités du service. Certains projets peuvent par exemple nécessiter un réaménagement collectif des horaires de travail ; or les différents problèmes qui en découlent (choix des nouvelles amplitudes par les infirmiers, repos, congés, etc.) ne peuvent être résolus qu'au prix d'une réelle souplesse : au niveau même de l'unité, entre les soignants directement concernés. Déjà reconnue comme une nécessité pour les équipes extra-hospitalières, mais encore ignorée d'un grand nombre d'unités de soin, cette *autogestion du temps de travail* – sur la base de projets déterminés – me semble être l'une des conditions d'efficacité de toute hospitalisation psychiatrique.

Dès lors que des projets viennent orienter le fonctionnement des différentes unités, c'est d'une *politique à l'échelle du service* qu'on voit cette fois surgir la nécessité : pour maintenir la cohérence de l'ensemble et, le cas échéant, pour modifier de façon souple et progressive la répartition des malades entre ces unités. Étant bien entendu qu'il ne s'agit pas de procéder à un reclassement mécanique, par classes d'âge ou par catégories nosographiques, mais de regrouper dans une même unité tous ceux qui semblent pouvoir bénéficier d'un même type de travail : on peut en effet s'interroger sur l'éventuelle efficacité d'une équipe qui aurait à déployer en permanence, vis-à-vis de vingt-cinq malades, trois ou quatre stratégies différentes.

Je viens d'employer le terme de « stratégie » : il exprime assez bien ce que j'entends par « politique ». Le contenu en est du reste très voisin de celui que j'attribuais déjà au terme de « projet » : à ceci près qu'une politique est justement à mes yeux ce qui permet de donner sens à un ensemble de projets, en articulant leurs finalités respectives pour les mettre au service d'une finalité commune.

Or ce problème d'articulation ne se pose pas seulement à l'échelle du service, par rapport aux unités de soin qui le composent. Nous avions cru voir dans la déchronicisation la priorité des priorités, mais nous n'avons pas tardé à découvrir que l'aboutissement même de l'entreprise dépendait des résultats déjà obtenus sur un tout autre plan, selon une tout autre démarche : laquelle serait donc en somme encore plus prioritaire... Ainsi apparaît une nouvelle nécessité : celle d'une *politique globale à l'échelle du secteur.* C'est en effet là qu'une option s'impose entre différentes formules : priorité à la déchronicisation (et plus généralement au travail intra-hospitalier) ; priorité à l'implantation sur le territoire du secteur ; importance égale simultanément accordée à ces deux objectifs. Encore restera-t-il, dans les deux dernières hypothèses, à opter pour ou contre la formule d'une équipe détachée, entièrement disponible pour les activités extra-hospitalières.

Il est par ailleurs assez évident que l'élaboration et la mise en œuvre de ces politiques entraînent, aux différents niveaux, une autre nécessité encore : celle d'un *véritable travail d'équipe.* Au total, nous retrouvons ici ce qu'au chapitre précédent je désignais comme une « priorité absolue » : celle de *donner sens* au travail que l'on fait, en choisissant ensemble de l'orienter et en contrôlant ensemble son orientation. Priorité absolue, parce qu'elle n'est plus simple nécessité mais radicale exigence : car c'est elle qui rend possible la définition de n'importe quelle priorité ou super-priorité. Il y a des secteurs qui n'ont aucune politique définie, où tout se fait au coup par coup, avec la force d'inertie pour unique régulateur ; il en est d'autres dont la « politique » n'est que la résultante de certaines contraintes extérieures : seules m'ont paru opérationnelles les équipes qui ont su, en se donnant leur propre orientation, finaliser vraiment leurs activités. On peut se tromper de moyens, on peut se tromper de cible et devoir en changer ; mais la pire aberration me paraît être, en ne se proposant aucun objectif, de s'interdire d'emblée toute évaluation de sa propre démarche.

*

J'ai dit pourquoi il me paraissait justifié d'aborder en premier lieu le thème de la déchronicisation : j'aurais cependant pu faire un choix différent, le thème du *soin* pouvant par ailleurs être considéré comme plus fondamental. Mais nous nous serions pareillement trouvés devant la nécessité de certaines options. Par exemple : faut-il faire porter d'emblée le maximum d'efforts sur le soin avec hospitalisation, ou plutôt sur le soin extra-hospitalier ? Compte tenu des énormes difficultés que suscite la composition actuelle des malades dans la plupart des services, on pourra estimer ou bien que la plus grande urgence est précisément de remédier à cette situation, ou bien qu'il faut, sans plus s'y attarder, se donner les moyens de soigner vraiment à l'extérieur. Dans la première hypothèse, on débouchera directement sur un travail de déchronicisation (et, dans toute la mesure du possible, de déshospitalisation) des personnes ne nécessitant pas un véritable soin ; dans la seconde... on y aboutira aussi, mais par un détour (et sans doute en ayant d'abord mis l'accent sur la déshospitalisation plus que sur la déchronicisation). Car on ne tardera guère à constater : *1)* qu'il faut « vider des lits » pour pouvoir affecter un plus grand nombre de soignants au travail extra-hospitalier ; *2)* qu'il faut bien aussi, de temps à autre, hospitaliser des malades, en escomptant qu'il en résultera pour eux quelque bénéfice. Où l'on voit qu'au bout du compte toutes les préoccupations essentielles peuvent finir par se rejoindre : une déchronicisation sérieusement conduite peut donner lieu à un bon pourcentage de déshospitalisations réussies ; lesquelles libéreront un certain nombre de soignants pour des activités proprement soignantes, hospitalières aussi bien qu'extra-hospitalières.

Mais cette convergence ne sera généralement atteinte qu'à travers une succession de choix partiels, dont chacun aura plus ou moins tendu à privilégier, tour à tour, telle ou telle de ces préoccupations aux dépens des autres. C'est pourquoi il est essentiel de s'être clairement proposé une finalité globale et de ne point la perdre de vue. Problème de *navigation* (à la voile) : le cap est déterminé, mais on ne peut lui rester fidèle qu'au prix de s'en écarter la plupart du temps, pour tenir compte de la direction du vent, des courants, de l'état de la mer, et peut-être aussi de la rupture d'un hauban ou d'une défaillance de l'équipage. Ça s'appelle parfois louvoyer, et ça n'a rien de déshonorant. On peut parler aussi de *négociation,* où certains ne verront que compromission : mais j'incline à penser qu'il vaut mieux *se* compromettre à sa façon, en poursuivant un objectif qu'on a soi-même défini, que de se retrouver de toute manière compromis, pour s'être seulement laissé ballotter par le cours des choses.

Naturellement, bien d'autres options s'imposeraient si nous abordions, par exemple, le contenu même du soin psychiatrique. Mais il s'agit là d'un domaine qui échappe en grande partie à une observation directe et relativement objective : c'est donc en philosophe seulement, ou pour mieux dire en usant de toute ma subjectivité, que j'oserai plus loin y hasarder mes pas. Dans le cadre du présent chapitre, peut-être le moment est-il venu de repérer certaines priorités concernant plus particulièrement, cette fois, les activités extra-hospitalières des équipes soignantes.

2

Implantation extra-hospitalière

Une des toutes premières questions qu'on voit se poser à propos de ces activités découle d'une très apparente dualité d'objectifs. Ainsi la notion même de « sectorisation » recouvre-t-elle, d'un secteur à l'autre, des contenus fort différents : encore assez souvent réduite à désigner le seul « suivi » des anciens hospitalisés, la *postcure*, elle est ailleurs plus volontiers conçue sous les espèces de la *prévention*. Selon la doctrine officielle, elle est tout simplement tenue de s'exercer à la fois sur ces deux plans (quitte à recourir à l'hospitalisation, et le plus brièvement possible, quand celle-ci s'avère indispensable). Mais, comme la symétrie parfaite n'existe pas, et qu'il est malaisé d'établir des équivalences quantitatives entre deux types d'action parfois fort différents, il faut bien en venir à se demander si l'un des deux doit être tenu pour primordial et, dans ce cas, de quel côté il convient de situer le centre de gravité de l'ensemble. Impossible d'en décider, toutefois, avant d'avoir clairement défini les deux termes en cause.

Côté *postcure*, il s'agit (toujours d'après les textes) d'une « surveillance » destinée à éviter une rechute et donc une réhospitalisation : c'est ce que l'OMS désigne sous le terme de « prévention tertiaire ». Concrètement, cette surveillance s'exerce en général sous la forme de « visites à domicile » (VAD), au cours desquelles un ou deux infirmiers quittent périodiquement le service pour venir s'assurer que leur ancien malade prend bien ses médicaments, n'a pas recommencé à boire, et que ses rapports demeurent à peu près stables avec la famille ou le voisinage.

Côté *prévention*, les textes parlent d'un « dépistage », aussi précoce que possible, qui doit permettre ou bien d'éviter l'hospitalisation ou bien d'en réduire la durée : c'est la « prévention secondaire » selon l'OMS, – la prévention « primaire » n'étant guère accessible à la psychiatrie, dans la mesure où elle consisterait à supprimer les causes mêmes des maladies mentales ou du moins à empêcher l'apparition des troubles. Il y aurait pourtant là un assez joli thème de psychiatrie-fiction, où l'on verrait des infirmiers-visiteurs sonner tour à tour chez tous les habitants d'un quartier pour leur demander s'ils ne ressentent vraiment rien de bizarre, s'ils ne sont pas sur le point d'éprouver quelque angoisse ou d'entendre des voix. D'accord, nous n'en sommes pas tout à fait là. Mais le rêve technocratique d'une radicale médicalisation de la psychiatrie transparaît tout de même assez bien sous les termes de dépistage et de surveillance, l'idéal étant évidemment qu'on puisse enfin disposer d'un vaccin contre les maladies mentales.

Sur le terrain, en tout cas, et quand elle a lieu, la prévention semble pouvoir fonctionner tour à tour de deux façons différentes : tantôt en proposant à la personne concernée une certaine forme de soin psychiatrique, tantôt en refusant au contraire de la psychiatriser. La seconde démarche est au fond une sorte de prévention primaire : elle ne prévient certes pas le trouble lui-même mais elle prévient sa codification sous forme de maladie mentale, et par suite les risques d'identification de la personne à un statut spécial du fait de son introduction dans un circuit spécial. Et sans doute cette démarche est-elle souvent impossible ; du moins ne doit-elle pas être considérée comme telle *a priori* : bien des moments de crise et des comportements perturbés sont des réactions tout à fait compréhensibles à une situation trop complexe, à un environnement hostile, et ne deviennent pathologiques qu'à partir du moment où ils sont désignés comme tels. Mais peut-être finiraient-ils aussi par le devenir, du seul fait du maintien prolongé de ces conditions défavorables... Ici apparaît la fréquente difficulté, pour le psychiatre, de tracer une frontière tant soit peu nette entre une souffrance « sociale » et une souffrance « psychiatrique », quand la seconde risque à tout moment de devenir la seule issue de quelqu'un qui n'est encore en proie qu'à la première. C'est bien pourquoi les équipes extra-hospitalières se condamneraient souvent à l'inefficacité si elles s'employaient à faire évoluer une personne sans du tout se soucier d'introduire quelques modifications dans son contexte de vie.

Ce qui nous renvoie à la nécessité d'une autre option, entre l'attitude techniciste qui consisterait à enfermer le patient dans un rapport aux seuls professionnels et la préoccupation inverse, visant à obtenir de son entourage [1] un minimum de coopération. Mais je m'étais déjà permis de prendre position sur ce point. Ainsi d'ailleurs que sur la question de savoir s'il faut commencer par implanter des équipes, ou des équipements : la réponse qu'on y peut donner ne prend toutefois son plein sens qu'en fonction des choix qu'on a pu faire sur les points précédents.

Concrètement, toute sectorisation commence avec l'investissement par quelques soignants d'un lieu de rencontre avec les personnes en difficulté : dispensaire ou centre médico-social, « antenne » ou « base », peu importe. L'essentiel est que ce lieu ne soit pas seulement utilisé pour des consultations médicales, que des infirmiers puissent eux-mêmes accueillir la demande et que, loin de s'y enfermer, on le considère aussi comme un point de départ vers d'autres lieux et un point de ralliement pour la mise en commun des problèmes rencontrés. Ce qui implique évidemment que les médecins fassent confiance aux infirmiers pour ne pas prendre d'initiatives inconsidérées, et que ceux-ci sachent en retour qu'ils peuvent compter sur les médecins pour guider et soutenir leurs premiers pas dans ce nouveau type de travail. C'est d'une véritable *formation sur le terrain* qu'il s'agit ici, et le temps qu'on y consacre vraiment ne saurait être du temps perdu.

1. Y compris, bien sûr, les personnes apparemment les mieux placées pour aggraver les problèmes du patient. Certains spécialistes de la psychiatrie infantile considèrent que l'appel à la coopération des parents s'impose d'autant plus que leur comportement vis-à-vis de l'enfant est manifestement pathogène. D'une manière générale, il apparaît que les personnes les moins bien disposées au départ changent souvent d'attitude lorsqu'une équipe soignante se pose en demandeur vis-à-vis d'elles ; ce qui peut se comprendre si l'on tient compte de la dimension de culpabilité et d'autodévaluation qui accompagne et entretient la plupart des attitudes de rejet. « Si, vous qui savez, vous me dites avoir besoin de moi, me voici suffisamment réhabilité à mes propres yeux pour pouvoir donner cette fois le meilleur de moi-même. »

Tout responsable est placé devant le même choix : ou conserver seul l'initiative et n'avoir affaire qu'à des exécutants ; ou partager certaines responsabilités et constituer une équipe efficace. Aucun infirmier n'est habilité à prescrire des médicaments, mais des infirmiers correctement préparés peuvent fort bien donner des consultations. Tout soignant n'est certes pas « psychothérapeute », mais comment parler d'une équipe soignante en psychiatrie si les différents membres n'y sont pas en quelque façon *thérapeutes du psychisme* ? Qu'il y faille une préparation, c'est sûr ; que l'orientation et les limites n'en soient pas toujours faciles à définir, c'est également vrai. Tout comme il est vrai que l'absence ou les difficultés d'une telle préparation sont trop souvent invoquées à titre défensif, à seule fin de justifier le maintien du *statu quo,* et qu'il en sera nécessairement ainsi partout où l'on n'aura pas accordé une réelle priorité à l'*actualisation des potentiels humains :* ici parmi les soignants eux-mêmes, comme tout à l'heure dans l'entourage du malade. Mais quelles chances aurait une équipe de restituer à quelqu'un ses pouvoirs de sujet, si au sein même de cette équipe de tels pouvoirs demeuraient plus ou moins négligés ?

Supposons donc une équipe au travail : il est fort possible qu'elle en vienne à concevoir, après un certain temps de rencontre avec des personnes en difficulté, l'intérêt qu'il y aurait pour elle à disposer de tel ou tel équipement. Que certains veuillent bien me pardonner de compliquer ici les choses : je suis profondément convaincu que les projets dont la réalisation sera la plus féconde en ce domaine sont ceux qui auront été élaborés *sur la base d'un dialogue entre l'équipe et différents éléments de la population.* Pas seulement ceux avec lesquels il a déjà été possible d'entrer en relation à propos de tel ou tel cas particulier, pas seulement des omnipraticiens et des travailleurs sociaux, et pas seulement, non plus, les élus locaux ; mais bien tous ceux des citoyens qui, à des titres divers, individuellement ou sur un plan associatif, peuvent se sentir concernés par le problème concret qui se pose à l'équipe. Cela nécessite un travail d'information, dont les modalités différeront selon qu'il bénéficiera ou non du concours de la municipalité, mais qui devra en tout cas s'assurer un minimum de résonance grâce aux contacts qui auront été pris avec les journalistes de la presse locale. L'objectif étant d'une part de définir le rôle d'une équipe soignante et de démystifier le travail psychiatrique, d'autre part de proposer à dates fixes une sorte de *forum* où chacun puisse venir exprimer ses vues sur la question. Il s'agit en somme d'un *mini-« conseil de santé mentale »*, dont le caractère local, informel et non officialisé ne risque guère de donner lieu à certaines réticences bien compréhensibles [1].

Naturellement, il se dira là des choses fort diverses, parfois même sans grand rapport avec le problème posé ; certaines suggestions ou prises de position manqueront de pertinence, d'autres apparaîtront sous-tendues par quelque préoccupation purement idéologique : du moins l'équipe pourra-t-elle ainsi prendre conscience du manque d'information dans lequel cette population a été jusque-là maintenue. Et puis, si l'écoute est bonne, d'autres propos se révéleront chargés de sens, au prix parfois d'un certain décodage : mais il s'agit là d'un exercice avec lequel les soignants auront déjà pu se familiariser dans les consultations du dispensaire, où l'on repère très vite qu'une demande peut en cacher une autre. Ainsi peut-il se produire que des membres de la population estiment nécessaire la création d'un « hôpital de jour », ou d'un « foyer de postcure », ou d'un « hôtel thérapeutique » pour les toxicomanes, et que la seule existence de cette formule, connue d'eux pour être appliquée ailleurs, les ait précisément détournés d'en imaginer quelque autre – mieux adaptée aux besoins locaux dont ils ont l'expérience : le dialogue avec l'équipe doit alors leur permettre de retrouver et de préciser le véritable sens de leur demande. Il

1. Cette formule, qui suppose le fonctionnement parallèle d'un organisme d'analyse et de décantation (comité restreint, composé de membres de l'équipe soignante ainsi que des divers professionnels et responsables intéressés), a été notamment mise en place par une équipe de secteur du Sud-Ouest lyonnais, en liaison avec le groupe de recherche « PEP/82-85 » (Psychiatrie et population, association créée en 1982 pour une durée de cinq ans). Cf. l'article d'Éric Julliand dans le numéro 12 d'*Entrevues*, l'excellent organe du GREPSY (Groupe de recherches psychiatriques, hôpital Saint-Jean-de-Dieu, Lyon).

n'est d'ailleurs pas impossible que l'équipe elle-même se soit plus ou moins laissé piéger par un phénomène similaire, et que tel autre moment de ce dialogue lui soit une occasion de s'en aviser...

Ce qu'en tout cas je voudrais noter avant d'aborder un autre point, c'est l'énorme avantage qui peut résulter, pour une équipe soignante, de l'interférence entre deux modes d'approche de la population : celui qui s'effectue au « coup par coup », au niveau même du soin, et celui qui tend à instaurer le type de dialogue que je viens d'évoquer. Sans le premier de ces deux modes d'approche, l'équipe serait privée de toute caution concrète, de tout ancrage dans la réalité ; sans le second, elle mettrait trop longtemps à faire connaissance avec les véritables ressources et les véritables besoins de la population, trop longtemps aussi à y faire évoluer certaines images de la maladie mentale et de la psychiatrie. Et c'est sans doute la mise en œuvre de cette interférence qui peut permettre d'assumer de la façon la plus positive la radicale ambiguïté de la fonction soignante dans notre société.

Ou bien, en effet, le soignant est un pur technicien, qui a reçu mandat de soigner et qui s'en acquitte de son mieux, s'estimant de toute façon incapable d'agir sur la société dont il tient ce mandat. Ou bien il s'avise que cette société est un ensemble complexe de micro-sociétés différentes, dont chacune est composée d'hommes et de femmes tout aussi concrets que lui-même ou les malades dont il s'occupe, – et qu'ils ont tous en commun le fait de s'être plus ou moins laissé déposséder, au seul bénéfice d'une Société abstraite, de leurs prises pratiques sur la réalité sociale. C'est alors qu'il apprécie pleinement la chance qu'il a, en tant que soignant, de pouvoir devenir plus réellement citoyen dans son effort même pour accroître le sens et l'efficacité de sa démarche professionnelle. Devenir plus réellement citoyen en offrant à d'autres l'occasion de le devenir aussi : contribuer, là où on en a les moyens, à la resocialisation d'une société atomisée ; inciter une population concrète, si restreinte soit-elle, à entrer en rapport avec elle-même, à recréer sa propre socialité, à découvrir ses propres ressources, à poser dans ses propres termes les problèmes qui sont réellement les siens.

*

Et comme, malgré tout, c'est aux malades eux-mêmes que le soignant a primordialement affaire, c'est déjà vis-à-vis d'eux qu'il lui faut engager un effort de cet ordre. Quelqu'un qui vit une difficulté proprement psychique, quelles chances lui reste-t-il de ne pas se désocialiser si l'on omet de voir en lui – en même temps que le sujet perturbé – la personne sociale, le citoyen potentiel ? Il est capital d'aider le malade à parler de lui-même, à décrire ses troubles avec ses propres mots, à s'interroger sur son statut de soigné, et souvent d'assisté, à prendre un minimum de distance vis-à-vis du système soignant [1].

Quoi, dira-t-on peut-être, faut-il les accabler davantage en les faisant penser à tout ça ? Mais, de toute façon, c'est cela qu'ils vivent et qu'ils ressentent jour après jour, et sans parvenir, le plus souvent, à décoller de ce vécu. D'une certaine manière, ils ne pensent qu'à ça : mais la forme de pensée dont ils sont capables est trop appauvrie, trop inhibée, trop soumise à l'institution, à son langage et à ses règles, pour qu'ils en tirent une quelconque maîtrise de leur expérience. La mise en relief des phénomènes de suraliénation au sein même de l'hôpital ne doit pas faire ignorer la très réelle dépendance que toute personne entrant dans un circuit de soin et d'assistance risque d'être bientôt conduite à intérioriser : il faut compter ici avec la peur que le malade éprouve d'être rejeté de l'institution, et d'un seul coup désécurisé, s'il vient à lui déplaire. Je doute qu'on parvienne à le désaliéner au plan psychique tout en le laissant livré à cette forme d'infantilisation. Comment ne pas évoquer le *double bind* infligé à l'enfant dans certaines familles, chaque fois que le

1. Il s'agit de l'institution psychiatrique, hospitalière ou non. Mais le problème se redouble dans le cas des personnes longuement hospitalisées. Ici apparaît plus clairement la nécessité de prolonger la préparation psychique, en matière de déchronicisation, par des échanges au cours desquels les intéressés puissent librement « régler leurs comptes » avec l'institution : jusqu'à observer, par exemple, qu'ils y ont *perdu* quinze ou vingt ans de leur vie. Les soignants n'y prendront certes aucun plaisir, mais les soignés s'en porteront sûrement beaucoup mieux au moment de réaffronter le monde extérieur.

système soignant semble se satisfaire d'enjoindre au malade : « accède à ta libération, à force de me rester soumis » ?

Ce qu'on retrouve là, au bénéfice direct des soignés, c'est cette nécessité, déjà rencontrée à propos des soignants, de rouvrir une situation (ou de la maintenir ouverte) en prenant sur elle un certain recul, en y introduisant quelque décalage, une différence, un minimum de *jeu*. La prendre au sérieux, c'est la croire fatale et en rester prisonnier ; jouer avec, l'imaginer différente, c'est déjà en quelque façon s'en libérer en cessant de coïncider avec elle. S'en entretenir avec d'autres, la décrire, la critiquer, ce sera la faire apparaître comme relative et transitoire, comme praticable enfin : accessible à une action transformatrice. Et ce sera du même coup refuser d'en être l'objet, en se concevant comme possible sujet de sa transformation.

Dans cette perspective, des activités de tous ordres peuvent être envisagées, visant à favoriser l'expression corporelle, l'imagination, la créativité, ou l'aptitude à symboliser, à communiquer, à mettre en forme. Quelle que soit la structure dans le cadre de laquelle elles sont proposées, il importe en tout cas :

- que les soignants y soient chaque fois conscients de l'objectif poursuivi ; ces activités de suscitation ne doivent pas être confondues avec des activités occupationnelles : « jouer » aux cartes n'a pas nécessairement une vertu ludique de mise en question de la réalité ;
- qu'elles renvoient autant que possible les malades vers des activités, du même ordre ou différentes, extérieures à la structure (et, de préférence, étrangères à l'ensemble du circuit institutionnel).

Tout cela fait-il partie du soin psychiatrique ? Je me bornerai à dire, pour l'instant, que ça m'en paraît indissociable. Soin ou pas, tout porte à penser qu'un dispositif extra-hospitalier doit en tout cas conserver un maximum de fluidité. Quelles qu'en soient les structures, il importe d'éviter qu'aucune d'entre elles ne se mette à fonctionner comme un piège en se refermant sur des usagers trop exclusivement sécurisés, ou qu'un autre piège ne se constitue sous la forme d'un passage indéfini d'une structure à l'autre, dans une circularité tout aussi chronicisante. D'où la nécessité, si quelqu'un doit passer par différentes étapes, de concevoir et de désigner chacune d'entre elles tour à tour comme une ouverture possible sur un avenir non institutionnel. Ce qui suppose évidemment des groupes de soignants suffisamment mobiles, dont aucun ne soit à ce point lié à une structure qu'il en devienne lui-même prisonnier, c'est-à-dire plus ou moins marginalisé par rapport au dispositif global du secteur.

3

Politiques du soin et problèmes de gestion

La priorité, là encore, c'est bien l'exigence de sens, la nécessité de se donner une orientation, d'élaborer une politique. Mais, quelle que soit la politique adoptée par les soignants d'un secteur, encore faut-il qu'elle soit soutenue auprès des quelques instances qui ont à en connaître la réalisation et qui, à des titres divers, peuvent la favoriser ou l'entraver.

En tout premier lieu, il s'agit évidemment du responsable de la gestion : le directeur de l'hôpital auquel est rattaché le secteur. Quand les infirmiers ne se plaignent pas des médecins, ou les médecins des infirmiers, on risque de les trouver provisoirement réunis dans une même animosité à l'encontre de l'Administration. Que les motifs n'en soient pas toujours imaginaires, j'ai eu maintes occasions de m'en convaincre. On n'en finirait pas de recenser les différentes formes de blocage qu'un certain esprit tatillon et bureaucratique inflige trop souvent aux initiatives, même les plus modestes, des équipes soignantes. Il faudrait aussi évaluer les pertes de temps, d'énergie et de motivation au travail qui résultent jour après jour d'une organisation trop hiérarchisée, où ceux qui sont sur le terrain voient leur mode de fonctionnement réglementé par ceux qui n'y sont pas, où l'on préfère contrôler les temps de présence plutôt que s'interroger sur les conditions de travail.

Ces diverses aberrations ne sont évidemment pas sans rapport avec la logique propre à toute institution, qui est d'en venir à oublier sa véritable finalité pour ne plus s'intéresser qu'à sa propre perpétuation. Mais j'ai déjà noté que cette pente ne saurait être tenue pour fatale, et que les pesanteurs institutionnelles ont toujours besoin de complicités humaines pour s'exercer aux dépens des hommes : or il est assez clair qu'on ne saurait demander aux soignants de remédier seuls à ces pesanteurs quand il se trouve que les administratifs eux-mêmes contribuent à les accroître. Et, s'il est vrai que le directeur de l'établissement public ne saurait être confondu avec son administration, c'est bien tout de même à lui qu'il incombe d'en repérer les tares et d'en redéfinir les objectifs : *c'est l'hôpital qui est au service du soin, et non l'inverse.* Au surplus, la chose est sûrement possible, puisque certains directeurs, qui s'emploient ainsi à « donner le ton », parviennent à modifier sensiblement le climat de leur institution.

Reste que les préoccupations d'un gestionnaire ne sont pas toutes de cet ordre : elles concernent aussi l'équilibre budgétaire et la mise en application d'un certain nombre de directives émanant de l'Administration centrale. Sur ces deux plans, il constitue la cible idéale pour tous ceux qui déplorent la modicité des moyens disponibles ou l'inopportunité de certaines réformes. S'il n'y est évidemment pour rien dans le second cas, sans doute peut-on s'interroger sur ses capacités de négociateur, et sur la solidité de son dossier, pour la fixation du montant de l'enveloppe globale. Mais la vraie question porte plutôt sur le souci qu'il a, ou qu'il n'a pas, de dialoguer avec les responsables des secteurs dans ces différentes circonstances. Question boomerang, pour tout dire, puisqu'il faut bien que l'autre partie y consente pour que le dialogue puisse s'engager. Or l'une des principales difficultés réside ici dans le fait que cette autre partie est plurielle : il n'y a qu'un responsable de la gestion, mais il y a un certain nombre de responsables du soin.

Qu'on se mette un instant à la place de l'un d'entre eux : sans doute va-t-il, au moins dans un premier temps, se sentir en position de faiblesse, dans la mesure où aucune attitude collective n'aura été définie entre lui et les autres – face à un interlocuteur unique, investi d'une réelle autorité. En matière de soin, le directeur n'a aucun pouvoir sur tel ou tel médecin ; mais, dès qu'il s'agit des moyens nécessaires à l'exercice du soin, le pouvoir directorial a toutes chances de l'emporter sur un pouvoir médical plus ou moins divisé. On voit qu'il s'agit à la fois d'une situation de fait – le très fréquent manque de consensus entre les responsables médicaux – et d'une sorte d'illusion d'optique, ou d'automystification : l'attribution au directeur d'un pouvoir dont il n'est que l'instrument, aux dépens de la réelle et très féconde autorité que lui conférerait une véritable concertation avec l'ensemble de ces responsables.

Je sais : il y a une instance pour ça. Mais il se pourrait bien que le fonctionnement d'un bon nombre de CMC (commissions médicales consultatives) et la nature des problèmes qui y sont le plus volontiers débattus constituent un assez bon révélateur des profondes difficultés qu'éprouvent les psychiatres à réfléchir ensemble sur leurs plus essentielles responsabilités. Que certains directeurs s'en félicitent, au nom du fameux « diviser pour régner », c'est le signe qu'ils ont eux-mêmes une conception totalement mystifiée de leur propre pouvoir – et pas de conception du tout de leur véritable fonction. Mais il en est d'autres qui déplorent cette division, car elle les contraint à trancher de façon technocratique sur des points où ils préféreraient cautionner une option commune au niveau du sens.

Aux échelons départemental (DDASS) et régional (DRASS), il y a les directeurs de l'action sanitaire et sociale. Compte tenu du nouveau système de financement et de gestion, il semble que leurs interventions les plus décisives doivent désormais concerner la répartition des moyens budgétaires fournis par les caisses d'assurance-maladie : il s'agit en somme de s'assurer que le financement global fourni par la Sécurité sociale est effectivement employé dans le cadre d'un glissement progressif du soin hospitalier vers les autres formes de soin. D'où l'obligation faite à chaque directeur d'hôpital de vérifier que les différents secteurs rattachés à son établissement fonctionnent bien selon ce principe : ce qui suppose que les responsables de secteur soient à leur tour invités d'une part à expliciter leurs politiques respectives, d'autre part à fournir les éléments qui permettront d'en contrôler la réalisation.

Ainsi trouve-t-on la double nécessité, pour une équipe soignante, d'*élaborer une politique* et de *se donner les moyens d'en évaluer la mise en œuvre.* Plus exactement, il s'agit, dans la plupart des cas, de fournir ces moyens à une administration alors qu'on estimait encore inutile de s'en doter soi-même. Plus exactement encore, c'est l'administration qui risque d'être la plus rapide, et d'imposer ses propres paramètres avant que les différents secteurs aient pu se mettre d'accord sur le moindre d'entre eux... Bien entendu, personne ne sera satisfait : ici parce que l'essentiel du travail soignant n'aura pas été pris en compte, et là parce qu'on ne pourra pas vraiment ignorer qu'on n'a guère enregistré que du vent. Or il me semble que ces problèmes d'évaluation peuvent être résolus à la satisfaction de tous, dès lors que chacun des responsables de secteur en débat avec les autres sur la base d'une politique déterminée : on peut concevoir des principes d'évaluation applicables à des politiques différentes, on n'en peut concevoir aucun qui soit applicable à une absence de politique [1].

L'échelon supérieur, celui de l'Administration centrale, n'est généralement pas celui où un responsable risque d'avoir à soutenir la politique de son secteur. On peut toutefois s'interroger sur les rapports entre telle ou telle politique particulière et la politique nationale, du moins dans les périodes où il ne semble pas excessif d'en désigner une. A première vue, le ministère de la Santé (ou le secrétariat d'État) a charge de définir les grandes orientations, ainsi que les structures correspondantes de financement et de gestion aux différents niveaux. Or ce n'est pas toujours le cas, lesdites structures ayant par exemple pu demeurer, pendant plus de vingt ans, soit totalement inexistantes, soit radicalement inappropriées à l'engagement officiel de la psychiatrie publique sur la voie de la sectorisation. Mais sans doute cette orientation nouvelle, arrachée à grand-peine par un groupe de psychiatres avec la complicité de quelques hauts fonctionnaires, ne pouvait-

1. Diverses équipes se sont déjà préoccupées d'évaluer leurs propres démarches soignantes. C'est notamment le cas de celle qu'anime Michel Minard, médecin chef de secteur à Dax, qui a déjà poussé la réflexion assez loin sur les deux plans à la fois : entrecroisement raisonné de critères qualitatifs, exploitation signifiante de paramètres d'ordre statistique. Je prends actuellement le plus vif intérêt aux problèmes d'articulation entre les deux approches, que cette équipe est ainsi conduite à se poser.

elle être sérieusement prise en compte par un ministère de la Santé, puisque la médecine dans son ensemble n'en était point concernée.

Il a tout de même fini par se trouver un ministre pour relancer cette orientation avec assez d'éclat, et se préoccuper d'en fournir les moyens : non seulement la psychiatrie de secteur a acquis les structures qui lui étaient indispensables, mais elle a été encouragée à *revendiquer sa spécificité par rapport à l'ensemble de la médecine* – au lieu d'un simple strapontin en bordure des spécialités médicales.

Où en sommes-nous aujourd'hui, quelques années après ce passage en réanimation ? J'avoue n'en avoir pas la moindre idée. A défaut d'informations autorisées sur un véritable changement d'orientation, il convient de penser que la politique précédemment définie demeure, dans ses grandes lignes, à l'ordre du jour. On aimerait toutefois, dans cette hypothèse, que les responsables ministériels encouragent expressément la psychiatrie publique à s'assurer un avenir en abordant sans réticences le tournant que les circonstances lui imposent. Mais peut-être est-ce trop attendre d'un gouvernement qui accorde par ailleurs tant de vertus à la privatisation...

De toute façon, c'est sur le terrain, là où ça souffre, en pleine pâte humaine, que l'exigence de sens doit constamment renaître, de rencontre en rencontre et d'expérience pratique en expérience pratique – et chaque fois donner lieu à quelque échange, à une réflexion partagée, à un minimum de théorisation. Toute politique officielle demeurerait lettre morte, en l'absence de cet enracinement.

Banderilles pour la réflexion, tel est à peu près le rôle que j'assigne aux « propositions » qui suivent.

III

PROBLÈMES DE FORMATION

Le thème de la formation était évidemment en suspens dans toutes les considérations précédentes. J'aurais d'ailleurs pu l'inscrire au chapitre des priorités : si je m'en suis abstenu, c'est qu'il me semble nécessaire de l'aborder tour à tour à différents niveaux – où l'urgence n'est pas toujours du même ordre, et sur certains desquels l'action des soignants ne peut guère s'exercer que de façon indirecte ou à long terme. Mais j'aurais pu tout aussi bien le rejeter à la fin de ce livre, pour y tenir compte des propos qu'entre-temps j'aurais aventurés sur la maladie mentale et le soin psychiatrique : or j'ai précisément voulu qu'il n'en soit pas trop marqué, préférant mettre ici l'accent sur les méthodes plutôt que sur les contenus. De toute façon, je n'en parlerai qu'en fonction de ma pratique et de celle de l'équipe que j'anime : ce qui, même au seul niveau des méthodes, risque déjà de n'être pas pleinement objectif...

[illegible] que le fabriquant était évidemment [illegible] dans ces [illegible] qui [illegible] [illegible] [illegible] chapitre [illegible] [illegible] de faire [illegible] [illegible] n'est pas [illegible] de même ordre. Si certains de ses [illegible] ne peut guère [illegible] [illegible] de la longue durée [illegible] ne peut [illegible] [illegible] problème [illegible] plutôt que sur les [illegible] [illegible] entièrement orienté.

1

Formation des infirmiers

J'en ai précédemment déploré la trop fréquente absence sur le terrain, dans le cours même du travail soignant, c'est-à-dire là où elle pourrait sans doute atteindre son maximum d'efficacité. Une telle formation, en prise directe sur la pratique quotidienne, apparaît en effet irremplaçable : elle devrait constituer la part la plus importante de ce qu'on désigne sous le terme de « formation continue » et qui très généralement se situe plutôt en marge de l'activité professionnelle.

Les deux aspects sont à coup sûr nécessaires : réflexion (et complément d'information) au fil de l'action ; mais aussi possibilité, à d'autres moments, de prendre un peu de recul, de porter un regard plus extérieur sur des réalités devenues trop familières, de resituer sa propre pratique dans une diversité de pratiques possibles. Où le premier aspect fait défaut, il faut bien que le second tente d'y suppléer. Mais je crains que certains responsables n'aient pas encore vraiment pris conscience des problèmes posés par ce déséquilibre. Essayons de préciser cela.

Dans l'expérience que j'en ai, les motivations initiales des infirmiers pour participer à des stages sont assez diverses : souci de rafraîchir leurs connaissances de base, ou d'acquérir quelque compétence nouvelle ; inquiétudes concernant les incidences de la sectorisation sur leur avenir professionnel ; intérêt pour des expériences différentes de la leur ; ou tout simplement envie de « décrocher », de reprendre souffle, de se désintoxiquer de la routine quotidienne, d'échapper pour un temps à une répétitivité plus ou moins déprimante... Mais, en cours de formation, c'est un même désir qui s'affirme chez la plupart d'entre eux : celui d'effectuer, dans une ambiance plus libre, un travail plus chargé de sens. Encore faut-il qu'ils aient eu d'abord la possibilité d'exprimer, dans le désordre, leurs grands ou petits griefs à l'encontre de la hiérarchie (médicale ou administrative), avec l'assurance non seulement d'être écoutés mais d'être aidés à y voir plus clair et, le cas échéant, à modifier leur position. Et ce qui peut-être me frappe le plus, à travers leur pessimisme de surface et la véhémence de certains « déballages », c'est leur profond besoin de ne pas s'enfermer dans une attitude négative : ni vis-à-vis de tel médecin qu'ils trouvent trop distant, ni vis-à-vis de ceux de leurs collègues dont ils déplorent l'immobilisme. Là réside pour eux la vraie question, celle qu'ils en viennent toujours à se poser : comment devons-nous nous y prendre pour rompre le maléfice, pour mettre fin à cet engrenage de la méconnaissance réciproque, pour que s'instaurent des relations qui nous permettront de devenir plus réellement soignants ?

En douze années de formation, j'ai eu tout loisir de me convaincre qu'il est parfaitement inutile de proposer à un groupe la moindre perspective nouvelle, sur quelque point que ce soit, aussi longtemps que cette question-là n'y a pas été d'une manière ou d'une autre formulée. Et, si certains membres ne se la posent pas pour eux-mêmes, parce qu'ils ont déjà la chance de travailler dans de bonnes conditions et qu'ils sont surtout venus là pour y chercher des moyens de progresser encore, ils sont tellement conscients de son importance pour les autres qu'ils s'emploient volontiers à leur en faciliter la formulation. Quant aux réponses possibles, leur élaboration en cours de stage et leurs incidences ultérieures seront fort différentes selon que le groupe sera constitué d'infirmiers venus d'un peu partout, à raison d'un ou deux par établissement (c'est le cas des stages « résidentiels »), ou d'infirmiers appartenant tous à un même établissement, voire à un même secteur ou à une même structure extra-hospitalière : stages organisés « à domicile [1] » et en quelque sorte « sur mesure ».

1. Ils ont toutefois lieu, le plus généralement, dans un local indépendant des services concernés et sans participation directe à leurs activités du moment.

Dans ces derniers cas de figure, il est évident qu'on dispose de beaucoup plus de données concrètes, plus ou moins recoupables entre elles ; mais la réflexion risque aussi d'être très rapidement bloquée si l'une des parties prenantes – un ou plusieurs médecins – se trouve mise en cause en son absence. Tout se passe alors, pour le formateur, comme s'il était malgré lui projeté au centre d'un conflit en ignorant les arguments de l'un des protagonistes. Qu'importe, dira-t-on, puisqu'il n'est précisément pas là pour prendre parti ? C'est vrai ; mais il est là pour aider les stagiaires à s'exprimer, et non pour les en décourager en adoptant systématiquement une attitude – quasi médicale... – de neutralité. Et puis le vrai problème est ailleurs.

Ce que des infirmiers parviennent à dire au cours d'un stage, ils n'ont bien souvent pas été en mesure, ou ils n'ont pas eu le courage, de le dire au médecin concerné. Mais, à partir du moment où leur grief [1] a été clairement énoncé au sein du groupe, on peut tenir pour assuré qu'ils accepteront de le formuler en présence de son véritable destinataire – si l'occasion leur en est donnée *dans le même contexte.* Il me semble que de telles occasions peuvent être mises à profit pour débloquer certaines situations, pour rétablir le contact avec les infirmiers, pour instaurer le climat de confiance que nécessite un véritable travail d'équipe. C'est pourquoi nous insistons de plus en plus souvent auprès des médecins pour qu'ils consacrent de temps à autre une heure ou deux (davantage s'ils en ont les moyens) aux stages « à domicile » auxquels participent des infirmiers de leur service. Parmi les expériences de cet ordre qu'il m'a été donné de susciter, la plupart ont eu des répercussions manifestement positives ;

1. On entend bien que je m'attarde ici délibérément, parmi les propos des infirmiers au sujet des médecins, sur ceux qui signalent l'existence d'une difficulté. Mais d'autres sont au contraire positifs, et il est intéressant de noter qu'ils émanent assez souvent des mêmes infirmiers et concernent les mêmes médecins que certaines réactions d'ordre négatif. En fait, l'attitude infirmière est complexe : elle se situe tour à tour à des points de vue différents (l'intérêt des malades, l'organisation du travail, le sens du recours à telle ou telle thérapeutique, etc.) et oscille entre deux positions inverses (les médecins sont entièrement responsables de ce qui ne va pas, ils sont aussi démunis que les infirmiers devant les contraintes institutionnelles).

aucune n'a en tout cas donné lieu, sur le moment même, à un refus de dialogue.

Sans doute se trouve-t-il encore des médecins pour préférer s'abstenir. Peut-être s'imaginent-ils comparaissant devant quelque tribunal : mais la présence du formateur et le travail de réflexion déjà entrepris par le groupe leur garantissent qu'il s'agira de décrire et d'analyser des situations, en aucun cas de juger des comportements. Peut-être redoutent-ils simplement que les griefs formulés à leur encontre ne leur soient trop pénibles à entendre : préfèrent-ils donc en ignorer la teneur, tout en sachant que ces griefs continuent jour après jour d'alimenter autour d'eux d'incontrôlables fantasmes ? En fin de compte, ce qui est ici en question, c'est le désir, chez le médecin, de faire évoluer sa propre pratique, et par conséquent de favoriser l'évolution des soignants dont cette pratique requiert la participation active et responsable. Mais il se pourrait bien que certains éprouvent à l'égard de la formation et à l'égard du soin *la même phobie : celle du changement*. Ainsi persistent-ils à préférer la simple reproduction didactique du savoir constitué et les techniques thérapeutiques les plus objectivantes, comme autant de garanties contre l'éventuel surgissement d'une liberté, d'un pouvoir d'initiative – là où ils se contentent fort bien d'un exécutant ou d'un malade.

De quoi les infirmiers ont-ils le plus besoin pour s'avancer, quand ils en éprouvent le désir, sur la voie du changement ? Avant tout, je crois, de reprendre confiance : en eux, bien sûr, dans leurs propres potentialités ; et, corrélativement, dans les possibilités d'évolution de leur contexte de travail. On voit la difficulté : il leur faut à la fois s'arracher au cercle vicieux de l'autodévaluation et découvrir qu'ils n'ont pas encore les moyens de leur légitime ambition ; à la fois se revendiquer comme soignants, et constater l'extrême rareté du soin dans leur cadre habituel de fonctionnement.

Autrement dit, il ne s'agira pas d'une confiance de type magique : on ne devient pas soignant (on n'est pas reconnu comme soignant) par le seul fait de se proclamer tel ; et il ne suffit pas de décréter le changement pour que le contexte institutionnel devienne positif du jour au lendemain. L'une des premières évidences sur lesquelles débouche une formation, c'est que toute évolution positive passe par une lutte contre l'inertie humaine et contre le cours des choses, c'est qu'elle exige un travail sur soi et autour de soi, c'est qu'elle repose en fin de compte sur un engagement, sur un pari pratique. *Pari,* parce que le succès ne saurait être garanti ; *pratique,* parce qu'on ne se contente pas de risquer une mise et d'attendre le résultat, parce qu'on ne cesse au contraire de tout mettre en œuvre pour que le pari soit tenu.

J'ai parlé d'engagement : quand l'enjeu se situe au niveau du sens (devenir réellement soignant, s'efforcer de rencontrer l'autre en tant que sujet), aucune technique n'y saurait suffire. Il faut s'impliquer, se mettre en question, « y mettre du sien ». Là encore, la formation doit décevoir, en même temps qu'elle se préoccupe d'encourager : car on n'y trouve point de recettes, mais bien plutôt l'incitation à en inventer une dans chaque situation nouvelle, – ce qui revient à rouvrir la situation en l'imaginant différente, et à lui restituer ses chances d'évolution en faisant appel au potentiel humain des personnes concernées.

Il faut que l'infirmier en vienne à concevoir que *son véritable instrument de travail, c'est lui-même ;* et que son propre effort pour contrôler l'usage qu'il en fait dans son rapport aux autres, pour en dégager le sens, passe avant le recours à quelque technique que ce soit. A cet égard, il est souhaitable qu'au lieu de sacraliser et de mystifier le *savoir* psychiatrique (s'y soumettant sans réserve ou le rejetant en bloc), il prenne conscience de sa relativité, de ses contradictions internes, de ses insuffisances et de ses fluctuations, – pour reporter son intérêt sur la *compétence* acquise par tel ou tel psychiatre, au fil d'une expérience pratique qui n'a probablement pas laissé intactes la plupart de leurs certitudes premières. Ainsi sera-t-il plus à l'aise pour envisager d'acquérir lui aussi une forme de compétence à laquelle ses années d'école ne l'avaient guère préparé. Plus que d'un savoir « objectif » et découpé en tranches, c'est d'une aptitude à réfléchir, à s'interroger, à poser un problème, qu'il éprouvera alors le besoin. Il ne demandera plus qu'on lui fournisse des solutions, mais qu'on l'aide à enrichir *sa problématique :* l'éventail des interrogations qu'il sera en mesure d'adresser à toute situation concrète, et qui lui donneront le maximum de chances de ne pas passer à côté de l'essentiel. Corrélativement, il ne risquera plus d'aliéner son jugement au profit d'un quelconque réductionnisme (« tout est organique », « tout est psychique » ou « tout est social ») ou de se laisser aveugler par l'extrémisme de certaines réactions purement idéologiques (« les médicaments ont fait du mal, il ne faut plus en utiliser aucun »).

En bref, il s'agit bien dans tout cela d'aider l'infirmier à se décrisper, à se sentir plus libre, jusqu'à oser se mettre à penser par lui-même... Je suis convaincu qu'on tient rarement compte de la formidable inhibition dont il lui faut se déprendre pour en arriver là. Quel que soit le thème d'un stage, il m'apparaît de plus en plus nécessaire d'y ménager des moments où les participants puissent faire l'apprentissage d'une libre expression, puis d'une mise en forme de leur pensée, ainsi que de différentes situations de dialogue et de réflexion en commun. En fait, ce n'est pas seulement vis-à-vis des médecins que le contexte du stage leur permet de dire ce qu'ils ne disent pas en situation professionnelle, c'est entre eux, les uns vis-à-vis des autres, qu'ils ont besoin de ce contexte pour aborder certains sujets, pour défouler certaines rancunes, et pour liquider ainsi bon nombre de malentendus. On ne dira jamais assez à quel point l'institution psychiatrique, du moins sous sa forme asilaire, tend à développer chez les « soignants » une forme d'autisme – dont l'entrée en résonance avec les tendances propres des « soignés » est par ailleurs garantie : d'où ces dialogues de muets, où l'on ne « parle » de n'importe quoi qu'afin de pouvoir se taire sur l'essentiel.

Reste qu'on ne se libère pas dans le vide, que personne ne peut travailler longtemps « dans le génie » et qu'il faut pouvoir disposer de certains repères pour tenir le coup dans les cas difficiles. Reste, aussi, qu'il serait absurde de vouloir tout inventer dans son coin, sans jamais s'informer sur les différentes avancées que d'autres parviennent à effectuer çà et là. Tout savoir doit être dépassé dans une pratique et dans la réflexion sur cette pratique : encore faut-il qu'un minimum de savoir puisse servir de référence à ce dépassement, et qu'un minimum de confrontations, avec d'autres pratiques et d'autres réflexions, permette de s'assurer qu'on n'est pas purement et simplement en train de divaguer.

Cela suppose, entre autres moyens, le recours à la lecture : celle d'articles de revues, le plus souvent. Mais il y a beaucoup de revues spécialisées et, dans chaque numéro de chacune d'entre elles, un certain nombre d'articles qui ne sont pas tous également accessibles ou utilisables. Or beaucoup d'infirmiers n'ont eu guère l'occasion de se familiariser avec le maniement de ces publications : leur masse globale les décourage, aussi longtemps qu'ils n'ont pas appris à en user plus librement avec elles en les feuilletant, en parcourant les sommaires, en repérant ici ou là quelque passage intéressant. Encore faudra-t-il, quand un texte les aura vraiment accrochés, qu'ils puissent en noter l'essentiel pour s'en entretenir ensuite avec d'autres membres de l'équipe soignante, éventuellement sous forme d'un bref exposé suivi d'une discussion. Il apparaît en tout cas souhaitable que certaines revues, à commencer par celles qui sont plus particulièrement destinées à des lecteurs infirmiers, soient en permanence à la disposition des soignants dans chaque unité de soin. Et que le temps passé à les consulter ne soit pas considéré comme du temps perdu par quelque petit chef en mal de comptabilité... D'une manière générale, l'information la plus féconde est celle qu'on recherche soi-même, à partir d'un problème concret dont la solution semble nécessiter quelque éclairage supplémentaire. Il ne s'agit pas de verser dans je ne sais quelle boulimie de savoir abstrait, mais de parvenir de mieux en mieux à repérer les apports utiles en fonction d'une pratique effective.

C'est enfin ce même souci d'enracinement dans des actions concrètes, dans des démarches orientées, dans des entreprises signifiantes, qui conduit à tenir pour indispensable l'élaboration, en cours de stage, d'un *projet* dont la mise en œuvre puisse être assumée, par les soignants présents ou du moins par certains d'entre eux, à l'échelle du service ou seulement d'une des unités de soin. D'où la nécessité, qui apparaît de plus en plus clairement à mesure que cette expérience se généralise, d'inscrire d'emblée dans la programmation d'un stage une ou deux journées complémentaires, qui permettront aux participants, quelques mois plus tard, de se réunir tous de nouveau (avec ou sans formateur) pour faire le point sur le niveau de réalisation de leur projet. A moins que celui-ci n'ait été pris en compte, dans l'intervalle, par l'ensemble des soignants de l'unité ou du service : ce qui se produit déjà dans un certain nombre de cas [1].

A travers tout ça, j'ai peut-être eu l'air d'ignorer que les infirmiers ont malgré tout reçu, au départ, une formation spéciale. Mais non : je l'ignore même d'autant moins qu'il m'est de temps à autre donné d'y participer, dans différents centres de formation. Je voulais seulement poser d'abord les problèmes au niveau où les soignants (médecins et infirmiers) sont le plus directement en mesure de contribuer à leur solution. Reste que je me sens moi-même beaucoup moins à l'aise pour parler des écoles d'infirmiers, dans la mesure où la plupart des propositions que je pourrais formuler risquent d'être sans rapport avec le programme qui leur est officiellement imposé. Je serai d'ailleurs d'autant plus bref que je me suis promis d'aborder le moins possible, dans le présent chapitre, les contenus de la formation : or ce programme se caractérise avant tout par le privilège qu'il accorde à une accumulation des contenus, aux dépens de toute préoccupation concernant la méthode et l'esprit même de la démarche.

Certains utilisateurs font parfois valoir, en guise de consolation, qu'il est tout de même un peu moins carentiel que les précédents. Et le fait est qu'il s'est trouvé enrichi d'un certain nombre d'additions ; mais je ne vois pas qu'il en soit devenu un meilleur instrument pour préparer les élèves aux réalités de leur profession, ou pour développer chez eux les aptitudes sans lesquelles ils ne pourront que faire semblant de l'exercer. Quand on découvre

1. Sur l'indispensable et urgente évolution de la fonction infirmière, il y aurait encore bien d'autres choses à dire. Mais c'est de plus en plus aux infirmiers eux-mêmes qu'il appartient de les dire, et un certain nombre d'entre eux s'y sont déjà employés. Un exemple parmi d'autres : l'article d'Alain Castera, « L'infirmier psychiatrique, un psychothérapeute » (dans la revue *VST*, n° 159-160).

tout d'un coup que le soin implique un travail sur la relation, ou que la psychiatrie de secteur risque décidément de faire intervenir le milieu social des malades, je doute qu'il suffise, pour en tenir compte, d'ajouter à un ensemble déjà fort disparate quelques fragments d'un cursus universitaire de psychologie ou de sociologie.

Doit-on par ailleurs considérer comme satisfaisante une formation d'« infirmiers de secteur psychiatrique » où les cours magistraux de médecine occupent beaucoup plus de temps que ceux de psychiatrie (346 heures contre 278, si je prends au hasard le planning d'un des centres que je connais) ? Il s'agit là d'une question tout à fait centrale. La formule actuelle est un mauvais compromis entre deux tendances inverses, *celle qui voudrait affirmer la spécificité de la psychiatrie* et *celle qui vise à son entière médicalisation :* sans la formation continue – sur le terrain ou différemment – on serait assez bien parvenu, de la sorte, à créer un corps d'infirmiers tout aussi inutilisables en hôpital général que peu performants en secteur psychiatrique. Mais de quel côté va-t-on maintenant faire pencher la balance ? Il semble que ce soit vers l'assimilation des deux branches de la formation infirmière, tout au moins au niveau d'un diplôme d'État jusqu'ici refusé à l'une des deux. Que cela suppose un « tronc commun » de deux ans ne serait pas, en soi, nécessairement fâcheux : à la double condition, bien entendu, qu'on en profite pour familiariser les futurs soignants des hôpitaux généraux avec les problèmes d'ordre relationnel, ainsi qu'avec les principaux aspects de la maladie mentale et du soin psychiatrique, et que l'année de spécialisation soit plus réellement formatrice que ne l'est aujourd'hui l'ensemble du cursus. Mais on peut craindre qu'il ne s'agisse plutôt de donner à tous une formation « hôpital général », en laissant les « psychiatres » se débrouiller, pour le reste, avec un condensé de leur programme actuel...

De toute façon, la qualité d'une formation ne dépend pas seulement de la qualité du programme qui lui est imposé : entre les deux, il y a le *projet pédagogique,* dont on peut attendre en tout premier lieu qu'il garantisse la cohérence et le sens de la démarche formatrice à travers ses moments successifs, malgré la diversité des intervenants et des thèmes. Pédagogique, il peut l'être aussi par le choix des méthodes auxquelles les moniteurs décident de recourir, et notamment par la place qu'ils prévoient de faire à l'initiative des élèves et aux processus d'autoformation. Mais c'est rarement ainsi que les choses se passent. On assiste plus souvent à un conflit entre certains moniteurs désireux de travailler dans ce sens et d'autres pour qui l'élaboration du « projet pédagogique » (car il en faut toujours un, quel qu'il soit) se réduit à une planification de l'incohérence, – les seconds s'accommodant fort bien de voir les élèves passer, sans la moindre articulation, d'une « matière » à une autre ou d'une caricature de savoir à une pratique insaisissable [1].

Sur ce dernier point, l'absence de dialogue est parfois totale entre ces moniteurs et les soignants des services qui reçoivent les élèves en stage : de sorte que les soignants ignorent où en sont les élèves sur le plan théorique, et à quel niveau ils doivent eux-mêmes se situer pour décrire et commenter leurs activités quotidiennes. Ce hiatus entre l'école et la profession est d'autant plus fâcheux qu'il autorise la survivance, chez un bon nombre d'infirmiers formés selon d'anciens programmes, de certains fantasmes concernant le programme actuel et d'un complexe d'infériorité vis-à-vis de ces jeunes élèves qui nécessairement en savent plus qu'eux. Complexe que ne tarde d'ailleurs pas à renforcer l'attitude de certains de ces élèves, parfois durement saisis par la découverte des réalités hospitalières et qui réagissent alors en multipliant les critiques, au nom d'une pseudo-science érigée en compétence. Ce qui risque de donner lieu à des situations parfaitement aberrantes, où des élèves-théoriciens se voient refuser l'initiation pratique, qui est la seule raison d'être de leur stage, par des infirmiers-praticiens apparemment occupés à nier leur propre savoir-faire.

Il est, heureusement, des conjonctures beaucoup plus positives,

1. Ce conflit entre moniteurs (il s'agit souvent de deux groupes d'égale importance) peut donner lieu soit à une crise, éventuellement suivie de certains départs, soit à la neutralisation permanente de l'attitude positive des uns par l'immobilisme des autres. Ce dernier cas est sans doute le plus pernicieux, car il ne permet ni de fournir une formation valable ni de poser ouvertement le problème de fond.

où une très féconde dialectique s'opère entre les compétences des uns et les connaissances des autres, entre le prudent réalisme des infirmiers chevronnés et le regard neuf, le jaillissement d'idées, les intentions généreuses de leurs futurs collègues. Certains services jusque-là plus ou moins ensommeillés savent y saisir l'occasion d'un véritable réveil, dont personnels et malades tirent ensemble profit. C'est bien pourquoi on se sent fondé, dans les cas moins heureux, à désigner les principales carences par lesquelles la formation de base des infirmiers psychiatriques y apparaît plus ou moins impliquée. C'est-à-dire, on l'a vu : la conception du programme, l'inaptitude pédagogique d'un certain nombre de moniteurs. Mais le second de ces deux points, sans doute le plus important, conduit à s'interroger sur la formation des moniteurs eux-mêmes – et cela, décidément, nous entraînerait trop loin...

...Trop loin, en tout cas, des possibilités d'intervention des psychiatres eux-mêmes, dont les moyens de contrôle sont à peu près nuls sur la formation des cadres infirmiers. Situation plutôt paradoxale, si l'on pense à l'énorme importance prise par certains de ces cadres dans la formation des élèves-infirmiers et, par tous les autres, dans la régulation quotidienne du travail des soignants. Il y a certes d'excellents surveillants, capables de dynamiser une équipe et de faire passer l'exigence de sens avant toute préoccupation d'ordre hiérarchique : cela ne doit pas faire oublier qu'il en est d'autres qui ont pour principal souci d'accroître leur pouvoir, en court-circuitant à leur profit toute relation concrète entre médecins et infirmiers.

On conviendra toutefois que les psychiatres ont déjà bien assez de questions à se poser quant à leur propre formation. Je vais d'ailleurs tenter, sur ce sujet, de formuler brièvement les miennes.

2
Formation des psychiatres

Quels sont les différents rôles qu'un psychiatre est généralement appelé à remplir ? Il lui faut être tour à tour un *soignant,* le *responsable d'une équipe soignante* (à l'échelle d'une unité de soin ou d'un service sectorisé), un *enseignant* (et si possible un pédagogue) ; à quoi doit pouvoir s'ajouter une autre compétence, moins fréquemment mise à contribution, celle de *chercheur.* Tels sont donc les quatre principaux axes sur lesquels la formation des psychiatres doit s'efforcer d'être efficace.

Laissant provisoirement entre parenthèses le rôle de soignant, qui est évidemment primordial, j'avouerai n'avoir pas été frappé par la prise en considération des trois autres rôles – ni à la lecture des programmes officiels ni à l'occasion du travail que j'ai pu faire, durant ces douze dernières années, avec un bon nombre d'étudiants d'un CES de psychiatrie. C'est surtout à ce travail, en tout cas, et à ce qu'il m'a permis de découvrir et d'analyser, que je ferai maintenant référence.

Deux mots, tout d'abord, sur le cadre dans lequel il se situe et sur ses modalités de fonctionnement. Il s'agit d'un des séminaires « théoriques » entre lesquels les étudiants doivent choisir – indépendamment de leur assistance à un groupe de réflexion clinique, de la préparation d'une unité de valeur complémentaire et de différents stages pratiques. Sur leurs quatre années de spécialisation, ils doivent participer à un tel séminaire pendant au moins deux ans. Les textes officiels précisent que son rôle « n'est pas tant de transmettre un savoir sur un point précis que de former les étudiants à une méthodologie, c'est-à-dire de les préparer à réfléchir sur leur expérience ». Au fil des années, le thème directeur a plus ou moins varié, mettant l'accent tantôt sur la nature du savoir psychiatrique, tantôt sur des problèmes d'ordre éthique ; il est chaque fois défini au cours d'une réunion préalable des participants.

En fait, le choix du thème s'est bientôt révélé secondaire : tous les thèmes choisis étant également valables, dans la mesure où ils fournissent tous l'occasion d'un véritable *apprentissage de la réflexion.* Les textes officiels préconisent « l'apport d'intervenants spécialisés dans tel ou tel domaine » : mais ce n'est pas à telle ou telle méthodologie particulière que la plupart des étudiants ont avant tout besoin d'être formés, c'est à une *méthode de pensée,* au sens le plus général du terme. Ce qu'ils ont primordialement besoin d'acquérir, c'est l'aptitude à interroger leur propre pensée ou celle d'autrui, à la mettre en question en tant que pensée : à y repérer, le cas échéant, une fausse évidence, un simple lieu commun ou la paresseuse soumission à quelque idéologie.

Un jour où je m'étais risqué à dire aux participants que les études de médecine ne les avaient peut-être pas préparés à l'exercice de la réflexion, une étudiante m'a pris à part, en fin de séance, pour me faire savoir que j'étais loin du compte : « Nos études médicales, m'assura-t-elle, nous ont strictement interdit toute réflexion. » Sur le moment, et ne fût-ce qu'en songeant aux médecins que je connais, ce jugement me parut inacceptable. Mais c'était mal entendre ce qu'on venait de me dire : car il s'agissait de l'incidence immédiate d'un certain cursus universitaire, et non des capacités ultérieures de ceux qui y ont été provisoirement soumis. Après avoir vu défiler un bon nombre de jeunes médecins devenus étudiants en psychiatrie, à force de m'être presque chaque fois inquiété de leur léthargie intellectuelle et d'avoir ensuite si souvent pris plaisir à découvrir leurs véritables capacités, j'avoue être aujourd'hui pleinement convaincu de la réalité du phénomène, et assez admiratif à l'égard de ceux qui parviennent à en réchapper par leurs propres moyens. Mais je tiens pour dangereux, lorsque quelqu'un s'oriente vers une profession aussi exigeante, de se borner à compter sur ses ressources personnelles en le laissant purement et simplement se débrouiller tout seul.

Je n'ai pas la moindre idée de ce que devraient être les études de médecine – compte tenu des savoirs qu'elles ont à transmettre – pour ne pas donner lieu à cette sorte de conditionnement négatif. J'observe en tout cas que, même au plan proprement médical, elles ne semblent pas donner entière satisfaction : habiles à former des spécialistes, elles ne prépareraient guère les futurs généralistes à prendre en compte la *dialectique somato-psychique* chez les personnes qu'ils auront à soigner. Or il s'agit là d'une exigence à laquelle le psychiatre, plus que quiconque, se doit de satisfaire. Et je me demande si le souci de l'y préparer ne devrait pas plus nettement sous-tendre la formation qu'on lui dispense.

Je n'ai pas eu le sentiment, par exemple, que le principe y soit vraiment posé de la *spécificité de la psychiatrie :* de la différence de nature qui interdit de la confondre avec une spécialité médicale. Je sais bien que certains psychiatres auraient plutôt tendance à en douter : mais la psychiatrie ne pourra pas indéfiniment refuser de choisir entre une claire affirmation de son autonomie et la noyade par médicalisation. Comment donner force et cohérence à une formation quand l'objet même de cette formation demeure à ce point indéterminé, ou ne se détermine qu'au prix d'éclater en une multiplicité de fragments plus ou moins irréconciliables ? Qu'il y ait là un problème, c'est sûr : mais précisément c'est un problème, et les psychiatres ont ensemble à le résoudre ; ce n'est pas une fatalité, dont ils pourraient tirer argument pour maintenir leur pratique dans l'insignifiance.

Sous le couvert de cette indétermination essentielle, c'est en effet à tous les niveaux que l'on renoncera, de proche en proche, à prendre les options les plus nécessaires, ou à désigner les priorités sans lesquelles aucune politique ne peut prétendre à l'efficacité. Se priver de toute finalité pour éviter les divisions entre sujets, c'est installer la division dans l'objet et lui conférer un pouvoir de causalité. Convient-il de mettre l'accent sur l'enseignement théorique ou sur la pratique de la relation clinique ? Faut-il laisser les étudiants aux prises avec une diversité de théories qu'ils ne parviendront guère à maîtriser, ou courir le risque de les voir s'enfermer dans le modèle unique qu'on leur proposera ? Quand de telles questions [1] demeurent sans réponse, ou ne sont même pas soulevées, on peut craindre que l'impuissance ne devienne la règle : soit sous la forme de demi-mesures où se cumulent les inconvénients des deux options sans aucun de leurs avantages, soit parce que les quelques démarches individuelles qui s'efforcent de demeurer signifiantes voient leur impact singulièrement affaibli par l'incohérence de l'ensemble.

J'ai eu la chance d'être convié à fonctionner dans un CES de psychiatrie où les questions de cet ordre étaient ouvertement posées. Quant à la difficulté d'aboutir à des réponses communes, il m'a parfois semblé qu'elle pouvait être due au fait que d'autres questions, plus radicales, restaient encore informulées. Je désignais plus haut le besoin d'une méthode de pensée avant toute méthodologie particulière : ce que je cherche à pointer maintenant est un peu du même ordre. Tout se passe en effet comme si l'on ne s'autorisait à interroger la psychiatrie qu'à l'intérieur d'elle-même, sur ses configurations internes, mais jamais sur elle-même, sur l'ensemble qu'elle constitue, sur la finalité qu'elle revendique, sur la situation qu'elle tente d'assumer.

On entend bien que je parle ici d'une interrogation réelle, où le psychiatre-sujet s'implique en tant que co-responsable du sens ou du non-sens de la psychiatrie, – et non d'une de ces fausses questions qui sans doute rassurent certains esprits parce que les réponses en sont déjà fournies ailleurs, et de façon suffisamment objectivante pour qu'ils se sentent en tout cas hors de cause. « Je vous le disais bien, cher confrère, que nous étions de simples instruments au service de [la répression, le capitalisme, la bonne conscience bourgeoise..., barrer les mentions inutiles] ; mais qu'importe, n'est-ce pas, puisqu'il est clair que nous n'y pouvons rien, et que nous avons tout de même le mérite d'en avoir pris conscience ? »

Oui ; mais qu'est-ce qu'une interrogation réelle, sur un ensemble d'une telle complexité ? J'essaierai plus loin de le préciser, car c'est à mes yeux l'indispensable ancrage de tout effort de mise

1. Et beaucoup d'autres encore, qui ne concernent pas toutes la formation des psychiatres...

en cohérence de cette complexité, c'est-à-dire de toute possibilité de légitimation (non institutionnelle) d'une psychiatrie publique.

J'avais invoqué, outre celui du soignant, deux ou trois rôles que le psychiatre public doit tour à tour exercer. Le fait qu'aucun moment de la formation n'y soit expressément consacré m'apparaît inquiétant dans la mesure même où ces rôles sont encore trop peu souvent ou trop insuffisamment assumés dans la réalité institutionnelle : ce qui d'une part signale que leur exercice comporte de réelles difficultés, et d'autre part déconseille de s'en remettre, sur ces différents plans, à la seule formation sur le terrain, à l'expérience pratique, à la contagion de l'exemple.

Il y a certes des psychiatres qui n'ont eu besoin d'aucune préparation pour manifester, le moment venu, les capacités requises. Mais on ne peut tout de même pas s'attendre à ce qu'ils soient tous à l'aise vis-à-vis d'un personnel plus ou moins nombreux, ou pour entrer en rapport avec différents éléments d'une population concrète, ou pour transmettre leur savoir de façon profitable, ou pour recourir à différentes disciplines, et articuler leurs éclairages respectifs, sans devenir prisonniers d'aucune d'entre elles... Or je ne crois pas qu'il faille à cet égard énormément de temps pour débroussailler le terrain, signaler les embûches possibles, tracer quelques pistes – et, surtout, réveiller ou renforcer en chacun le souci de donner sens aux plus quotidiennes de ses démarches concrètes, tout en assumant la cohérence de sa démarche globale. Pour y parvenir, il n'y a sûrement pas lieu d'alourdir le programme, mais bien plutôt d'y ménager quelques temps de respiration, de prise de recul par rapport à la fonction thérapeutique directe, de réflexion sur les problèmes relationnels, sur la dimension sociale de l'individu, ou sur le type de scientificité auquel peut ou ne peut pas prétendre le savoir psychiatrique. Il ne s'agit pas d'inciter le futur psychiatre à se doubler d'un faux épistémologue ou d'un sociologue au rabais. Il ne s'agit pas non plus d'en faire un philosophe professionnel : mais peut-être s'agit-il de lui fournir au passage un instrument dont il pourra tirer quelque profit et que j'appellerai tout de même, faute de mieux, la *réflexion philosophique*. En la caractérisant ici, très brièvement, par son activité principale de *mise en rapport*, d'articulation, de dialectisation : entre les différentes dimensions de tout phénomène humain ou les différents domaines concernés par une pratique ; entre une pratique et la théorie dont elle se réclame, ou entre plusieurs théories concurrentes. Entre les hommes aussi, porteurs de vérités toujours relatives, qu'ils changent en erreurs en les tenant pour absolues ; et là, ça s'appelle incitation au dialogue, *entremise* si l'on préfère, mais ça ne tombe pas encore sous le coup de la loi.

C'est évidemment dans cet esprit que j'ai d'emblée animé le séminaire qui m'était confié : qu'il ait pu se poursuivre de la sorte durant ces onze dernières années, cela indique sans doute qu'une telle forme de travail répond à une certaine attente [1]. Une difficulté subsiste toutefois : cette attente peut fort bien ne pas se manifester spontanément chez un certain nombre d'étudiants, qui ne choisiront pas cet aspect de la formation et qui n'auront donc aucune chance d'en découvrir l'intérêt, alors qu'elle leur aurait été au moins aussi utile qu'aux autres. Dans la mesure où la pédagogie concrète consiste surtout à faire découvrir à une personne ses aptitudes potentielles, ses ressources propres, elle bute toujours, au départ, sur la même contradiction : comment obtenir de cette personne qu'elle entreprenne l'effort nécessaire pour découvrir ce dont elle n'a encore aucune idée, ou dont elle connaît seulement une caricature. Pourquoi m'emploierais-je à actualiser en moi quelque aptitude à la réflexion, si ce mot « réflexion » ne recouvre à mes yeux que le recours à de vaines abstractions, un coupage de cheveux en quatre, une logomachie ? Qu'on se rassure, je ne suis pas en train de plaider pour une généralisation de l'expérience. Il m'arrive d'être optimiste, mais pas à ce point-là...

De toute façon, ce séminaire risque de n'être pas reconduit en 1987-1988. En changeant d'intitulé (« diplôme » et non plus

1. Il reste que cette longévité eût tout de même été impossible sans l'amicale assistance du docteur Alain Gasté, étudiant des toutes premières années, qui a bien voulu par la suite non seulement participer à l'animation même des sessions, mais aussi, dans les intervalles, maintenir le contact avec les participants. Et sans doute sa présence a-t-elle en outre eu pour effet de dissiper certaines inquiétudes quant à l'imprudence de confier un séminaire à un non-médecin...

« certificat » d'études spécialisées), la formation des psychiatres bénéficie également d'un programme nouveau – entièrement composé d'un bon nombre de « modules » distincts, dont aucun ne semble pouvoir abriter les formes de travail que j'exposais plus haut.

Sur un point, cependant, ce programme ouvre une perspective intéressante. Parmi les six modules « de haute spécialité » (les étudiants doivent en choisir deux), il en est un qui s'intitule « méthodologie de la recherche psychiatrique » : or il permettrait sans doute une approche totalisante, une mise en perspective des différentes conceptions, une interrogation au niveau des finalités et une réflexion sur les démarches correspondantes. Mais c'est bien en quoi, déjà, il est permis de regretter qu'il ne soit qu'une option possible parmi d'autres, comme si les questions de cet ordre étaient une sorte de luxe, réservé à une minorité de psychiatres : que les autres sachent donc se satisfaire d'avoir été « hautement spécialisés » en thérapies comportementales, par exemple, ou en expertises médico-légales... Et puis je me méfie : les quelques aventuriers qui seront attirés par ce module, de quels éléments disposeront-ils, et de quel temps de réflexion préalable, pour ne pas se laisser entraîner d'emblée dans les impasses du réductionnisme (en ignorant la personne du malade par souci d'objectivité) ou dans les mirages de la statistique (en additionnant des situations concrètes différentes sous une même étiquette diagnostique) ? Corrélativement, j'ai bien peur que cette « méthodologie de la recherche » ne rejette *a priori* certains thèmes en les tenant pour manifestement étrangers à tout souci de scientificité : problèmes des contenus de la formation, par exemple, ou des critères d'évaluation des démarches soignantes. Mais, ce qui surtout me semblerait capital, c'est que tout apprentissage de la recherche, quel qu'en soit l'objet, soit aussi l'apprentissage d'un dialogue avec les premiers concernés : que le futur chercheur prenne d'emblée conscience de l'impossibilité de se prononcer sur la formation des infirmiers sans en avoir débattu avec un certain nombre d'entre eux (élèves compris), ou sur l'efficacité d'une équipe soignante sans avoir expressément sollicité l'avis des usagers (directs et indirects).

Au point où me voici parvenu, il ne me reste vraiment plus qu'une chance de m'en tirer : c'est d'essayer de montrer en quoi la praxis psychiatrique peut faire preuve d'une très satisfaisante rigueur sans pour autant se contraindre à renier sa spécificité, – qui est d'avoir affaire à des personnes souffrantes, à des sujets potentiels, et non à des objets d'étude, dont le traitement pourrait être confié à des soignants-objets par des psychiatres objectifs.

IV

PROPOSITIONS

1

Sur la notion de maladie mentale...

Maladie somatique et maladie mentale. - Les idéologies réductionnistes et le leurre d'une vérité objective. - Les trois dimensions de la réalité humaine. - Psychogenèse et notion d'émergence. - La dimension sociale. - L'intégration psychique et la fonction-sujet. - Un pari sur le sujet. - Praxis psychiatrique et théorisation. - Autour de la notion d'Inconscient.

Aux premières pages de ce livre, il m'est arrivé de mettre le mot *malade* entre guillemets ; et puis je me suis fait une raison : non seulement les guillemets ont disparu (ils auraient bientôt fatigué l'œil du lecteur), mais je me suis abstenu de recourir systématiquement à des synonymes pour éviter l'emploi même du terme. Cet emploi, dans le champ psychiatrique, n'a pourtant pas cessé de m'apparaître abusif, et je dois maintenant tenter de m'en expliquer.

Étymologiquement, le malade est quelqu'un qui « se trouve en mauvais état » *(male habitus)*. « Se trouver » est ici pris au sens passif : *être ;* et sans doute s'agit-il surtout de l'*être-vu :* ce que l'on est *sous le regard des autres.* Le mot « habitus » est d'ailleurs utilisé en français pour signifier l'« apparence générale du corps, en tant qu'indication de l'état général de santé ou de maladie ». D'emblée (ça remonte au XIe siècle), nous avons donc affaire à une double passivité, à une double objectivation de la personne : *soumise* à un *état* mauvais, elle *est* en outre *désignée* comme telle. En fait, c'est évidemment dans l'ordre inverse que les choses se passent : la personne est reconnue malade sur son apparence (sur un ensemble de signes), et c'est seulement alors que ce « mauvais état » va pouvoir être considéré en lui-même comme s'imposant à la personne qui en est atteinte. Par un intéressant tour de passe-passe, celle-ci devient *objet passif* d'un « état » devenu, lui, *force agissante.* Tenue tantôt pour magique ou franchement démoniaque, tantôt pour « naturelle », cette *virtus* mauvaise finira par se codifier, et par acquérir la respectabilité scientifique, en prenant place dans une nosologie, en donnant lieu à une nosographie : la *maladie* sera parvenue à occulter le *malade.*

Étrange concept, dont on ne sait jamais très bien s'il désigne le « tableau clinique », ou l'évolution pathologique, ou l'agent pathogène, mais dont il faut en tout cas convenir qu'il demeure le plus souvent stable et opérationnel lorsque la composante somatique est primordiale dans le « mauvais état » en cause. C'est-à-dire lorsque l'implication de la personne dans son propre état peut être considérée comme provisoirement négligeable, ou du moins très secondaire. Ici, la relative impersonnalité du processus autorise à la fois, dans une assez large mesure, l'objectivation par le diagnostic et l'objectivation par le traitement. Si je ne suis à peu près pour rien dans les troubles dont je souffre, je risque de n'être pas d'une grande utilité ni dans leur caractérisation technique ni dans le choix d'une thérapeutique appropriée. Cas limite où ma mise hors circuit apparaîtra sans doute pleinement justifiée : celui d'une ablation de l'appendice, par exemple, au cours de laquelle il n'est pas vraiment souhaitable que j'apporte mon concours au chirurgien.

Et pourtant, nous avons tous maintes occasions de le constater, et bien des médecins nous en apportent la confirmation, le *malade* l'emporte parfois sur la « maladie » – dans un sens ou dans l'autre : en déjouant, par son attitude ou combative ou démissionnaire, un pronostic techniquement fondé. Le malade, c'est-à-dire une totalité concrète, ni pur sujet ni simple objet : une conscience singulière, avec son histoire propre, à nulle autre pareille, avec ses forces et ses faiblesses, avec son poids de conditionnements et ses sursauts de liberté, et qui remâche ses amertumes ou qui parie sur la vie.

On n'en conviendra pas moins que, si une personne atteinte de troubles à dominante somatique caractérisée peut dans une certaine mesure influer sur leur évolution, le rôle qu'elle a pu jouer dans leur apparition demeure généralement assez peu discernable : mais il ne faut pas se hâter d'en conclure à l'inexistence de ce rôle. La pensée médicale lui fait d'ailleurs volontiers sa place... au prix, le plus souvent, d'une objectivation qui revient à le nier : car ce qu'elle désigne alors sous le terme de *terrain* n'est que la réduction au seul plan biologique d'une réalité complexe, multidimensionnelle, dont l'équilibre ou le déséquilibre dépend aussi des relations entre la personne et son environnement humain.

Or j'entends bien que ce reproche ne risque pas de troubler ceux qui estiment précisément que tout phénomène humain trouvera, tôt ou tard, son explication dans le jeu des mécanismes biologiques. Mais, ce qui me trouble, moi, c'est qu'ils soutiennent avec tant de sang-froid la thèse d'un pareil déterminisme, quand il est clair qu'ils n'en sauraient fournir la preuve sans retirer du même coup tout intérêt à leur propre opinion. Si tout est explicable, y compris le sujet lui-même et son souci d'expliquer, alors plus aucune explication n'a valeur : s'il vous prend fantaisie de proclamer que tout prétendu sens est entièrement réductible à une combinaison d'éléments objectifs, c'est déjà votre proclamation elle-même qui va s'en trouver dépourvue de sens [1].

1. Je ne suis pas ici en train de me battre contre des moulins, ou de m'en prendre à quelques sectaires attardés. Cette tentative de réduction de l'humain au biologique nous a valu, durant ces dernières années, quelques ouvrages à grand retentissement (ceux, notamment, de Jean-Pierre Changeux, de Jean-Didier Vincent ou de Jacques Ruffié). Comme la plupart de ceux qui en parlent n'en ont malgré tout qu'une connaissance indirecte, il est intéressant de noter ce que leurs auteurs tiennent à mettre en relief quand l'occasion leur est donnée de se rapprocher du grand public. A titre d'exemple, j'ai retenu ces quelques propos de Jacques Ruffié, professeur au Collège de France : « Toutes les sciences médicales ont évolué, et terriblement, depuis quelques années. La psychanalyse est la seule qui soit restée figée sur elle-même. Elle en est restée aux médecins à chapeaux pointus de Molière : on se saoule de mots !... » « On connaît en somme le mécanisme intime de la vie » (*Sud-Ouest Dimanche*, 22 juin 1986). Ce triomphalisme idéologique se répercute d'ailleurs sur le plan technique (« Je crois en effet que dans les deux ans qui viennent le SIDA (...) sera vaincu... Quant au problème du cancer, il sera lui aussi résolu dans les prochaines années... »), pour culminer dans une sorte d'hymne au progrès scientifique, « qui fait que l'homme d'aujourd'hui sait plus de choses que l'homme d'hier, qu'il vit mieux et avec plus de joie... ».

Si maintenant nous passons du malade tout court au *malade mental,* en quoi le contenu du terme va-t-il se trouver modifié et que va devenir la notion de terrain ? Pour ce qui est du contenu, il y a évidemment deux façons de l'envisager : en extension et en compréhension, comme disent les logiciens. D'un côté, on essaiera de dénombrer les différentes catégories d'« objets » que le mot sert à désigner ; de l'autre, on s'attachera à sa signification en tant que concept. Or, la difficulté, avec le terme qui nous occupe ici, c'est que son usage lui confère une telle extension que sa compréhension en est presque annulée. Quelle signification peut-on reconnaître à un terme « fourre-tout », que l'on applique indifféremment à des personnes présentant une bouffée délirante, une démence sénile, une structure hystérique, une ancienne psychose infantile, une crise maniaque, une dépression réactionnelle ou les effets d'une trop longue hospitalisation ? Où peut-on situer l'unité de conception qui permettrait d'en faire un véritable concept ? A vrai dire, cette unité existe – dans la sphère institutionnelle : le point commun entre ces personnes, c'est que ce même terme peut en effet servir à les désigner toutes, à partir du moment où elles sont prises en charge par un hôpital pour malades mentaux...

Le discours psychiatrique est souvent aussi hésitant et flou, à cet égard, que le discours ordinaire. On y retrouve notamment les mêmes balancements, les mêmes incertitudes concernant l'identification du « fou » au malade mental. Mais, là encore, il semble bien que le profane donne aux mots un sens différent selon qu'il prend ou ne prend pas en compte l'existence de l'hôpital psychiatrique : dans le premier cas, quelqu'un pourra être tenu pour fou simplement parce qu'il est « à l'asile », « chez les fous » ; dans le second cas, on réservera plutôt le terme pour les cas de délire caractérisé (il est dingue, il déraille, il débloque) ou de comportement agressif (le « fou furieux », le forcené). Quant aux psychiatres, j'en vois qui considèrent la dimension « maladie mentale » comme essentielle, la dimension « folie » lui étant surajoutée par un certain type de société, et d'autres qui sont plutôt enclins à rechercher la réalité du fou sous le statut du malade mental. Reste l'attitude « antipsychiatrique », qui a parfois consisté à privilégier la folie pour nier la maladie mentale, puis à nier la folie chez le fou en la transférant chez l'homme prétendu raisonnable.

Or ces différentes perspectives, et d'autres encore, ont ceci de commun qu'elles sont toutes justifiables, chacune d'elles en fonction de son point de vue propre. Je relève, par exemple, cette formulation qui figure dans la présentation de l'*Histoire de la folie* (et peu importe ici que le texte soit ou non de Michel Foucault lui-même) : « Exclu au nom de la raison, le fou, à notre époque, est aliéné par la psychiatrie, qui confirme son étrangeté en la codifiant ; en d'autres termes, les aliénistes – ancien nom des psychiatres – méritent de plus en plus leur nom en ce sens qu'ils ont pour fonction d'aliéner. » D'une certaine manière, c'est-à-dire si l'on se borne à considérer la logique propre (la « ligne de plus grande pente ») du système social dans son ensemble et de l'institution psychiatrique en particulier, l'indication me paraît valable : celle que j'ai moi-même fournie dans les chapitres précédents en est sans doute assez proche. Mais, d'une autre manière, je trouve le propos insoutenable : parce que l'indication d'une tendance s'y change en condamnation radicale, au nom d'un débat entre « raison » et « folie » où je crains de ne retrouver jamais ni la personne du fou ni celle du psychiatre [1].

Je proposerai donc, pour ma part, qu'on laisse au vestiaire les habits de gala, qu'on oublie un moment les grands rôles du répertoire (le Fou, le Psychiatre... le Diable et son train), pour s'interroger plus concrètement sur le type de compréhension auquel peuvent prétendre des personnes réputées normales vis-à-vis d'autres personnes cataloguées comme malades mentaux. Ce qui revient en somme à renverser la situation que je déplorais tout à l'heure. Peu importe la diversité des « pathologies » que recouvre cette étiquette, ou les fluctuations du regard des autres

1. Dans le même texte, il est dit de la psychiatrie qu'elle est un « monologue de la raison *sur* la folie ». Mais le « dialogue » entre ces deux abstractions ne risque-t-il pas à son tour de transformer en objets, tout à la fois, ceux qui sont aux prises avec des troubles réels et ceux qui s'efforcent réellement de les aider à surmonter ces troubles ?

sur ceux qui en sont affublés ; ce qui pour le moment nous intéresse, c'est en somme d'essayer de répondre à la question : « Par qui et comment les troubles dont il s'agit sont-ils vécus ? » Ou encore : « *Qui* est troublé, *en quoi*, et *jusqu'où ?* » Et sans doute la réponse devra-t-elle être modulée, sur certains de ces points, selon le caractère des troubles considérés : mais il se pourrait que le mode d'interrogation adopté nous fournisse un éclairage cohérent sur ces éventuelles modulations.

J'observerai tout d'abord que, dans la grande majorité des cas, le trouble [1] « mental » n'est aucunement confondu avec un trouble somatique : ni par la personne qui l'éprouve ni par les membres de son entourage. Entre les atroces douleurs d'une colique néphrétique et l'horreur d'entendre en permanence des voix étrangères dans sa tête, entre les paniques respiratoires de l'asthmatique et le comportement suicidaire de certains dépressifs, il n'y a pas une différence de degré : dans leur vécu, ces phénomènes sont incomparables, ils sont d'une nature radicalement différente.

Soyons plus précis : les troubles somatiques peuvent parfois s'accompagner de très vives angoisses ; mais celles-ci, en rapport direct avec une menace réelle (pour la vie ou pour l'intégrité de l'organisme), ne sont jamais vécues comme peut l'être une angoisse pathologique, sans objet apparent et donc tout à fait incontrôlable. Si d'ailleurs il vous arrivait de redouter vraiment de mourir quand vous souffrez seulement d'une banale bronchite, on ne tarderait pas à vous faire sentir que vous êtes en train de décoller du réel ; ce que l'on exprimerait par exemple sous la forme : « c'est purement psychologique ».

La formule est certes fautive, quoique de façon fort significative : il serait évidemment plus juste de dire que c'est *psychique,* le psychologique n'étant que du psychique transformé en objet de science. Mais le glissement qui s'opère dans le

1. Si j'ai ici recours à ce terme, c'est avant tout parce qu'il ne m'apparaît pas chargé des mêmes connotations que celui de « maladie ». Mais il ne pourra recevoir une signification plus positive qu'au fil des pages suivantes, dans la mesure où une tentative de description du psychisme me conduira à préciser la notion de *perturbation psychique.*

langage courant signale bien l'imprégnation des esprits par ce regard « scientifique » et objectivant : en temps normal, quand tout va bien, on ne s'interroge guère soi-même, on ne se questionne pas ; mais, dans les cas de perturbation, on délègue à d'autres (psychologue ou psychiatre) le soin de *s'*interroger *sur* vous et de fournir eux-mêmes les réponses « objectives » à leurs propres questions. En quelque sorte, on se psychologise par avance pour leur faciliter le travail.

En tout cas, fût-ce à travers un décalage de cet ordre, il y a bien reconnaissance d'une dimension, en chacun de nous, distincte de la dimension proprement corporelle, – si conscients que nous puissions être, par ailleurs, du fait que ces deux dimensions ont partie liée et sont en perpétuelle interférence. D'où nous pouvons sans doute conclure que le type de perturbation dont souffre le « malade mental » est avant tout d'ordre *psychique.*

La belle affaire, dira-t-on : vous avez seulement remplacé un adjectif par un autre... Et ce serait en effet dérisoire, s'il s'agissait d'un simple synonyme ; or les deux termes me semblent au contraire relever de deux registres différents : l'un se réfère aux opérations et aux capacités intellectuelles, l'autre à l'ensemble de la vie psychique (consciente et inconsciente). Dans le premier cas, c'est essentiellement le fonctionnement logique du cerveau qui est en cause, et les critères sont d'ordre rationnel. Dans le second, il faudra prendre en compte le rapport de la personne à son environnement humain, le regard qu'elle porte sur son propre passé, ses projets d'avenir (ou leur absence), la façon qu'elle a d'habiter son corps... : tout un ensemble complexe, mouvant, sous-tendu par une dynamique temporelle, et dont l'objectivation risque fort de poser, cette fois, d'insolubles problèmes. Comment circonscrire une *maladie* chez une personne qui vit une perturbation aussi manifestement pluridimensionnelle et – s'il faut parler en termes de causalité ou d'agents pathogènes – aussi manifestement plurifactorielle ?

En fait, deux échappatoires se proposent ici. L'une se caractérise par sa modestie, on dirait presque par son humilité : c'est l'attitude purement *clinique.* L'autre relève plutôt de l'intrépidité *réductionniste,* quels que soient la dimension et le facteur qu'elle choisit de privilégier pour en faire, au mépris de tous les autres, la réalité même du trouble et sa véritable cause.

*

L'attitude clinique se veut essentiellement celle d'un *observateur,* qui se borne à enregistrer un ensemble de signes. On peut y voir une assez étrange variante du principe de la « boîte noire », dans la mesure où celui-ci consiste – vis-à-vis d'un ensemble trop complexe pour être directement analysé (le cerveau humain par exemple) – à tenter de déterminer son fonctionnement en comparant les entrées et les sorties, ce qu'on lui fournit et ce qu'il restitue. Dans le cas du malade mental, l'examen clinique a plutôt consisté, classiquement, à supprimer d'abord, en hospitalisant la personne, les flux d'entrée et de sortie qui constituaient ses échanges habituels, pour étudier son comportement dans des conditions artificielles, – où les entrées étaient en outre, indifféremment, verbales, médicamenteuses ou en forme de contraintes institutionnelles. Ici, déjà, l'« observateur » est à son insu devenu expérimentateur : la personne est coupée de son contexte propre, placée dans un cadre institutionnel, soumise à différents conditionnements. Médiocre expérimentateur, au demeurant, et bien peu assuré de sa démarche : car il n'est guère en mesure de maîtriser la diversité de ces conditionnements et la variabilité de chacun d'eux. On situe mieux, en tout cas, la modestie dont je parlais plus haut : elle consiste d'une part à vouloir se garder de toute idée préconçue (on enregistre des signes), et d'autre part à se limiter au seul examen, en quelque sorte *in vitro,* du patient lui-même. Or il s'agit, me semble-t-il, d'une double illusion [1].

Il y a idée préconçue : on croit que les « signes » vont tout seuls signifier quelque chose, tout seuls s'organiser entre eux –

1. On montrerait sans peine que cette illusion fut d'abord, consciente ou non, longuement imposée aux aliénistes par le statut social de la folie et les caractéristiques du système asilaire. L'analyse que je présente ici ne s'applique évidemment qu'aux prolongements actuels de l'illusion, dans une conjoncture où ces raisons d'y recourir ont totalement disparu ou sont en tout cas devenues beaucoup moins contraignantes.

et que, au nom de l'objectivité, on peut se borner à en dresser le constat. Mais plusieurs questions surgissent aussitôt. Comment décide-t-on que tel phénomène a valeur de signe, et tel autre pas ? En ce qui concerne les phénomènes retenus, comment s'effectuera leur regroupement ? S'agira-t-il d'une simple juxtaposition ou d'une hiérarchisation et, dans ce cas, selon quel principe ? Si ces signes doivent être tenus pour objectifs, alors ce n'est pas la personne qui se signifie à travers eux : ils ne sont que les manifestations de son « mauvais état ». Voici donc un psychisme-objet, victime d'un dysfonctionnement qui lui demeure par principe étranger, dans la production duquel il est censé n'être pour rien. A supposer que le clinicien persiste jusqu'au bout dans son attitude, il obtiendra enfin une vraie *maladie*, dont les « symptômes » n'auront pas plus de sens pour lui que pour la personne concernée, mais pourront du moins être décrits avec de plus en plus de raffinements par d'autres cliniciens – qui en composeront tour à tour différents « syndromes », selon leurs conceptions respectives de l'objectivité.

Le second aspect de l'illusion, c'est cette autre idée préconçue selon laquelle l'essentiel d'une personne est d'autant plus accessible qu'on a pris soin de l'isoler de tout son contexte socioculturel, considéré comme susceptible de parasiter la relation clinique. Or une telle procédure se justifierait sans doute assez bien si cet isolement (et l'imposition d'un cadre différent) était purement momentané, et si le clinicien s'y engageait dans une véritable tentative de *relation* avec la personne productrice des « signes », – quand il s'impose au contraire de ne retenir d'elle que l'« essentiel », le découpable, le généralisable, en se maintenant vis-à-vis d'elle dans un *rapport* d'observateur à objet observé.

J'avais voulu distinguer l'échappatoire clinique de l'échappatoire réductionniste ; tout compte fait, c'était peine perdue. La *réduction* de la personne souffrante à un psychisme-objet, lui-même atteint d'une maladie objective, est déjà évidente dans le premier cas. Une différence subsiste toutefois avec le second : dans celui-ci, en effet, le réductionnisme se montre volontiers plus agressif. Il ne se contente plus d'un objectivisme humble et indifférencié ; il choisit délibérément *sa* dimension de la réalité et se risque même, le cas échéant, à théoriser son choix, – en s'efforçant de prouver, bien sûr, que ce n'en est pas un, mais la seule définition possible de la vraie réalité. Laquelle apparaîtra donc, selon les écoles, ou foncièrement sociale ou essentiellement intra-psychique ou purement organique...

En fait, si l'idéologie scientiste, avec son souci de n'avoir affaire qu'à des objets, est bien présente dans les deux types de réductionnisme, la prétention à la scientificité est plus nettement affirmée dans le second. A la limite, le pur clinicien pourrait se satisfaire de découper des syndromes et de les répertorier : la superposition de ces grilles sur des cas concrets lui permettrait chaque fois d'établir un diagnostic, à l'abri duquel il n'aurait plus qu'à décider un traitement. Mais on conçoit que des esprits plus exigeants aient refusé de s'en tenir là. Cette approche descriptive et classificatrice, cette constitution d'un catalogue, cette simple collection d'objets, non, c'était peut-être un « savoir » (nosologie : discours sur les maladies), ce n'était sûrement pas une science. Une véritable science ne se contente pas de définir ses objets : elle explique leur fonctionnement. La médecine, d'ailleurs, a tracé la voie : on y considère comme un échec (provisoire) toute définition d'une maladie qui ne s'accompagne pas d'une désignation de l'agent pathogène. Et, comme les maladies « mentales » sont en général plus difficiles à cerner, moins pures en quelque sorte que les maladies « somatiques », la première tâche du chercheur consistera à les purifier, afin de ne pas se laisser impressionner par leur apparente complexité. Après tout, la connaissance humaine n'a jamais progressé qu'à ce prix : où en serions-nous si l'on n'avait pas eu l'audace de postuler, avant même d'avoir pu les observer, l'atome au sein de la molécule, un bacille à l'origine de la tuberculose, un virus dans les cas de poliomyélite ?

Bien sûr, le problème ne se pose pas absolument dans les mêmes termes quand on a affaire à une souffrance qui est vécue par l'intéressé sur plusieurs plans à la fois ; mais c'est justement là que la purification s'impose et qu'il faut avoir le courage de suivre le célèbre conseil : toujours ramener « du visible compliqué à de l'invisible simple ». Résumons-nous : scientifiquement parlant, tant que vous ne tenez pas la cause, vous ne tenez rien ; or il n'y a pas de cause assignable aussi longtemps qu'on croit devoir prendre en considération une multiplicité de facteurs ; d'où il résulte que la plupart de ces prétendus facteurs ne peuvent être là qu'à titre tout à fait accessoire, et ne servent en fait qu'à brouiller les cartes en dissimulant la « véritable cause »...

Il resterait à se demander pourquoi celle-ci est d'emblée strictement localisée par certains dans la dimension sociale, par d'autres dans la dimension organique, par d'autres encore dans la dimension psychogénétique. Mais cela relève en fait de l'histoire personnelle et de la situation concrète de chacun, et nous pouvons seulement nous interroger ici sur l'attitude commune qui sous-tend ces différents choix. Or j'y verrais, pour ma part, une *défense d'ordre idéologique* contre le caractère non maîtrisable des phénomènes humains. On peut d'ailleurs observer que, s'il y a d'authentiques chercheurs pour qui le choix de telle ou telle dimension ne constitue qu'une indispensable ascèse (les autres dimensions demeurant à leurs yeux tout aussi réelles), de nombreux esprits préfèrent s'en tenir à l'idée rassurante, et parfaitement improductive, selon laquelle tout finira par s'expliquer : par une configuration familiale, ou par un excès de dopamine, ou par quelque scène traumatisante vécue dans la petite enfance. Ce dont il leur faut à tout prix se convaincre, c'est que l'homme est capable de penser l'homme – de se penser lui-même – comme s'il n'était que l'un de ses objets. Ainsi rêvent-ils d'une science qui rendrait compte du sujet, d'où découlerait une technique permettant d'en contrôler les manifestations.

Là encore, il ne saurait être question d'évaluer les motivations particulières des uns et des autres. On doit en revanche insister sur le fait que notre époque est, plus que toute autre sans doute, marquée par les ravages de l'attitude idéologique. Mais il est temps de préciser le sens de ce terme, si l'on veut éviter qu'il ne s'annule lui aussi à coups d'utilisations abusives. Ainsi dit-on parfois qu'« on est toujours l'idéologue de quelqu'un », ce qui revient à signifier qu'il n'y a aucun moyen de faire la différence entre ce qui est idéologique et ce qui ne l'est pas (ou bien qu'on est le seul à pouvoir la faire, ce qui revient au même). Et, ce qu'il me faut en somme essayer de montrer, c'est que ma critique de l'attitude idéologique ne procède pas elle-même de quelque idéologie.

Je caractériserai donc cette attitude en y voyant une forme de croyance et, comme dans toute croyance, une recherche de sécurité. Cela suppose qu'on ne se montre pas trop exigeant : il faut éviter de se rendre compte qu'une théorie n'est pas la réalité dont elle traite, que la carte n'est pas le territoire, que toute approche est partielle, que toute vérité n'est qu'un éclairage parmi d'autres. L'idéologie ne s'interroge pas sur elle-même : elle est trop occupée à s'affirmer. Elle accumule les arguments qui lui sont favorables, mais ne prend pas le risque d'entrer en dialogue avec les perspectives différentes. Elle ne fait pas d'hypothèse, elle ne fournit aucun apport de théorisation : elle en fait au contraire l'économie, en se reposant sur une théorie figée, refroidie, aussi générale que possible, c'est-à-dire aussi peu exposée que possible à une réflexion engagée dans une pratique concrète. C'est en somme, au plan intellectuel, l'équivalent de certaines fuites dans l'imaginaire, où l'imagination se suffit à elle-même et cesse de fonctionner en dialectique avec la réalité. L'idéologie est une pensée bouclée, déjà faite : une pensée pensée, par opposition à une pensée pensante. C'est souvent la mise à plat et la banalisation – en même temps que le passage à l'absolu – d'une pensée qui fut vivante, qui se cherchait, qui se savait relative, nécessairement partielle et sans doute plus ou moins partiale. Certains « chercheurs » ne sont que des idéologues ; aucun idéologue n'est un véritable chercheur.

Le principal danger de l'attitude idéologique, c'est précisément dans cette banalisation et cette mise à plat qu'il réside. En simplifiant la complexité des phénomènes réels, en les prédigérant en quelque sorte, pour les rendre plus aisément consommables (plus accessibles au simple bon sens d'un « cartésianisme » pour grandes surfaces), elle flatte en chacun d'entre nous cette paresse intellectuelle et ce goût des certitudes d'où elle est elle-même issue. Et sans doute ne faudrait-il pas la pousser beaucoup pour qu'elle en vienne à s'attribuer une vertu pédagogique, quand elle encourage plutôt certaines déformations didactiques et une fort dommageable conception de la vulgarisation scientifique. Pour ne rien dire des facilités qu'elle offre à d'éventuelles tentatives d'endoctrinement...

Telle est la genèse de toute croyance, de tout dogme : il faut que la vérité existe, il faut que la réalité soit entièrement rationnelle, il faut que l'homme lui-même soit explicable afin de n'avoir plus à assumer les risques d'une imprévisible liberté. Se rassurer, se dédouaner, se déresponsabiliser. Et, du même coup, acquérir une sorte de toute-puissance : n'être pas dupe des apparences, savoir « ce qu'il en est » – et notamment, par exemple, qu'on n'est pour rien dans ses propres choix, qu'on est de part en part déterminé, que celui qui persiste à se vouloir tant soit peu l'auteur de ses actes n'est en réalité qu'un malheureux naïf, fâcheusement privé des lumières de ce siècle.

Ce n'est certes pas la première fois qu'on nous raconte cette histoire. Ses résurgences ne se comptent plus, au cours des siècles passés ; et ses disparitions, aussi, corrélativement... Plus près de nous, il y eut la vague d'un certain structuralisme, par qui nous faillîmes être enfin délivrés de nous-mêmes et changés en simples ventriloques, au service d'impersonnelles structures sans doute avides de s'exprimer à travers nous. Idéale idéologie, pour une période de croissance économique et d'euphorie technocratique : à quoi pourrait bien servir le sujet humain, l'homme en tant que sujet, quand les techniques peuvent résoudre tous les problèmes – y compris, demain, ceux qu'elles créent aujourd'hui ?

La crise économique, en mettant fin à la progression indéfinie des moyens financiers, a douché cet optimisme, en même temps qu'elle obligeait l'État à reconsidérer le coût de certains de ses moyens d'assistance et de contrôle social. De sorte qu'on s'est mis à entrevoir, çà et là, qu'il y aurait peut-être intérêt à compter un peu plus sur les ressources proprement humaines, sur les initiatives locales et sur certaines formes de solidarité concrète. La prise de conscience de la précarité de nos techniques hyper-sophistiquées et du danger que représente leur éventuel dérèglement pour des populations entières, danger redoublé par les entreprises de déstabilisation d'un terrorisme multiforme, a plutôt tendance depuis une dizaine d'années à rejeter dans l'ombre une idéologie qui justifiait si bien notre soumission au mot d'ordre de la technocratie : « Ne vous mêlez surtout pas de vos propres affaires. Il y a des experts pour ça ; posez-leur vos problèmes, ils sauront les résoudre [1]. »

Malheureusement, les effets positifs de cette prise de conscience sont relativement neutralisés par une nouvelle vague idéologique, en partie d'ailleurs issue de la crise même qui avait amorti la précédente. Plus les techniques lourdes deviennent inquiétantes, plus leur fiabilité est mise en doute, plus le danger se précise de leur utilisation irresponsable en n'importe quel point du monde, plus il apparaît enfin que nous sommes impuissants à en imposer le contrôle, – et plus nous sommes tentés de nous rabattre sur d'autres techniques, aux manifestations moins massives, et qui nous concernent de façon à la fois plus immédiate et plus prometteuse. Ce qu'en somme nous exigeons de la science contemporaine, c'est qu'elle réalise pour notre santé des prodiges au moins aussi importants que ceux dont elle s'est montrée capable à l'égard de la matière. Nous ne pouvons pas éviter que le monde soit perpétuellement en péril ; mais, aussi longtemps que ça se concrétise ailleurs, nous tenons d'autant plus à demeurer, ici, pleinement vivants et parfaitement équilibrés. Quel que soit notre genre de vie, nous estimons avoir en tout cas droit à la santé, celle du corps et celle de l'esprit : nous n'en sommes pas encore à réclamer le droit à l'immortalité, mais nous admettons déjà fort mal que les performances de la vieillesse ne soient plus tout à fait celles de l'âge mûr. La science, qui a su percer les secrets de l'atome, doit pouvoir percer ceux de nos cellules et y voir clair dans nos têtes. Autrement dit, nous nous livrons nous-mêmes par avance, et de pied en cap, en tant que mécanismes à entretenir ou à réparer, aux bons soins des mécaniciens qu'une telle science aura formés.

Or justement, ça tombe bien, la *biologie* est en plein essor : le bruit a commencé à en courir, parmi nous autres profanes, il

1. Encore cela relève-t-il d'une technocratie « douce ». L'attitude « dure » continue de se manifester dans certains domaines : les experts définissent « nos » problèmes en notre absence et nous sommes simplement invités à appliquer les solutions correspondantes.

y a déjà une bonne quinzaine d'années, puis c'est devenu une véritable clameur – et comment pourrions-nous ne pas tout attendre d'une science dont on nous assure qu'elle connaît désormais le « mécanisme intime de la vie » ? J'ai rapidement noté, plus haut, certaines prophéties concernant les répercussions prochaines de cette connaissance en médecine somatique (victoires sur le SIDA et sur le cancer) : ma parfaite incompétence en pareils domaines me laisse d'ailleurs entièrement libre d'en accepter l'hypothèse. Tout au plus m'inquiéterais-je de savoir, en pareille conjoncture, quel type de maladie risque de venir prendre la relève...

Mais la neutralisation du cancer sera à mettre au compte de la recherche scientifique et de la pratique médicale ; la réduction au biologique de tout phénomène existentiel relève, elle, d'une attitude strictement idéologique [1]. Qui a pareillement ses prophètes, bien sûr. Depuis une dizaine d'années, la fréquence de leurs annonciations s'est d'ailleurs sensiblement accrue : un certain nombre d'autorités se sont ainsi succédé, chacune d'entre elles s'employant à nous faire savoir que, cette fois, ça y était, que les biochimistes tenaient le bon bout et que, « dans les dix ans à venir », on disposerait enfin des diverses molécules chimiques capables de guérir les diverses maladies mentales. Parmi les plus récentes célébrations de ce nouveau rite, je retiendrai (là encore pour son éventuel impact sur un public non spécialisé) un article paru dans *le Monde* (27-28 juillet 1986) sous la signature de Mme le docteur Escoffier-Lambiotte.

Le titre, d'abord : en première page, « La schizophrénie, folie universelle » ; mais la suite de l'article s'intitule de façon plus explicite : « La schizophrénie est une maladie universelle qui ne doit rien ni à la société ni à la famille. » Ce recours immédiat

1. Je ne m'attarderai pas sur l'intéressante coïncidence entre le retour en force de ce réductionnisme-là et l'urgence de certaines compressions budgétaires. Si en effet la médecine pouvait remporter des victoires du même ordre sur les « maladies mentales », on n'aurait bientôt plus besoin d'hôpitaux, ni d'ailleurs de psychiatres ou d'infirmiers psychiatriques. Des ordinateurs fourniraient le diagnostic et la prescription ; un personnel traitant, dûment formé à cet effet, aurait mission de vérifier que les malades guéris continuent bien de prendre leurs médicaments.

au marteau-pilon, pour enfoncer la thèse dans des esprits éventuellement réticents, semble se justifier aux yeux de l'auteur par la référence (d'ailleurs soulignée en surtitre) à « une enquête de l'OMS » : or c'est à la sinueuse manipulation de cette référence que je veux ici accorder un moment d'attention. Il s'agit donc d'une enquête « conduite depuis vingt ans (...) grâce à la collaboration de vingt centres spécialisés œuvrant dans dix-sept pays (...) selon un tableau diagnostique rigoureux », d'où il résulte qu'« on trouve chaque année, dans une population âgée de quinze à cinquante-quatre ans, le même nombre, à très peu de chose près, de cas de schizophrénie, soit environ un à deux cas pour dix mille habitants ». Conclusion : *« l'existence évidente d'une base constitutionnelle – et non environnementale – à cette maladie ».*

Évidence encore légèrement opaque, malgré tout, par suite de l'« absence, dans l'état actuel de la science, de tout signe anatomique ou biologique formel permettant d'identifier le substrat organique ou chimique de la schizophrénie ». Mais enfin, si l'on peut déplorer qu'il n'y ait pas encore de signe « formel », cela n'implique-t-il pas qu'il doit y avoir déjà, en tout cas, quelque signe d'une autre sorte ? Et la non-identification du substrat ne va tout de même pas interdire qu'on en reconnaisse au moins la nature « organique ou chimique »... Pourvu d'ailleurs qu'il ne soit plus question ni de la société ni de la famille, on fera preuve d'un assez grand libéralisme quant à la définition précise de l'étiologie : « dans l'ignorance où l'on se trouve actuellement de la nature chimique ou physique de l'affection », on imagine volontiers « une pluralité de phénomènes pathologiques complexes, dont l'origine (congénitale ? virale ? toxique ?) pourrait être multiple ». Au surplus, cette complexité – bien loin de signaler un certain flottement de la thèse centrale – apparaît au contraire tout à fait propre à expliquer « la diversité des modalités d'évolution de la maladie (...) et notamment la fréquence très variable selon les pays des phases de rémission complète après l'épisode aigu ». En d'autres termes, cette maladie est toujours la même, ce qui prouve bien l'existence d'une « base physiopathologique commune », si multiple qu'en soit l'« origine » ; mais son évolution peut être fort différente selon les situations, ce qui confirme la nature en tout cas nécessairement organique de cette origine... Tant il est vrai que certaines complexités sont plus supportables que d'autres, quoiqu'on ait parfois bien du mal à leur conserver leur idéale et unidimensionnelle pureté.

Aucune base environnementale, nous était-il assuré, et la même incidence dans n'importe quel environnement socioculturel ; et nous venons de voir que les différences d'évolution de la maladie ne sauraient être dues qu'à une diversité de facteurs d'ordre exclusivement biologique. Voici pourtant l'amorce d'un certain dérapage : « ... Ce qui ne signifie pas pour autant que les facteurs d'environnement ne soient pour rien dans son apparition... » ; mais le cran d'arrêt est aussitôt mis en place : « ...chez des sujets fragilisés dès leur naissance. » Vous étiez sur le point de saluer la prise en compte de quelque dialectique bio-psycho-sociale, quand l'auteur ne songeait qu'à récupérer la classique notion médicale du « terrain » – pour la faire participer, dans son acception la plus radicalement somatique, à son entreprise d'objectivation de la schizophrénie. « Des sujets fragilisés *dès la naissance* » : on aimerait savoir de quels « critères rigoureux » les enquêteurs de l'OMS ont bien pu faire usage pour s'assurer de ce point-là. De toute façon, l'évidence initiale n'en est plus à un brouillage près : à peine venait-on de nous accorder que les facteurs d'environnement pouvaient être pour quelque chose dans l'*apparition* de la schizophrénie, nous voici tout aussi objectivement informés que « ces facteurs semblent (...) influer, non sur les circonstances d'apparition ou les symptômes de la maladie (...) mais sur leur évolution au cours du temps ».

Telles sont les tremblantes bases sur lesquelles Mme Escoffier-Lambiotte décrète avec sérénité le définitif anéantissement des quelques éclairages qui la gênaient encore : « ainsi s'effondrent les thèses (...) selon lesquelles l'une des plus sérieuses et des plus déroutantes maladies mentales serait provoquée par le comportement de l'entourage familial... » ; « cette thèse (...) se trouve réduite à néant » ; « ainsi s'effondre la théorie si tenace... » Sur ce champ de ruines, la seule thèse survivante entrevoit déjà son jour de gloire, une fois dissipés quelques brouillards résiduels :

« Il reste (...) le grand mystère d'une maladie génératrice d'intolérables souffrances et dont les progrès remarquables de la neurobiologie devraient permettre, *dans la décennie à venir,* d'*élucider la cause* et de *perfectionner un traitement* auquel la découverte des neuroleptiques a apporté déjà de remarquables acquis [1]. »

Si j'ai tenu à entrer dans le détail de cette argumentation, c'est qu'elle constitue à mes yeux un parfait modèle d'attitude idéologique et réductionniste : des assertions péremptoires agrémentées d'une référence « scientifique [2] » et soutenues par un discours où une perpétuelle pétition de principe constitue le seul principe de cohérence. Bien entendu, il y a aussi les autres formes de réductionnisme – qui ne sont pas davantage acceptables. Mais celle dont je viens de fournir un exemple me paraît être la plus dangereuse, dans la mesure où elle s'efforce de dissimuler sous des oripeaux scientifiques le scientisme naïf qui est son véritable moteur.

Il est d'ailleurs significatif, à cet égard, que ce genre d'extrapolations parascientifiques ne soit pas le fait des chercheurs eux-

1. C'est moi qui souligne. On aura noté, au passage, la discrète suggestion faite au lecteur de situer la réussite finale à l'horizon et dans la ligne de résultats déjà obtenus, ceux-ci devant en quelque sorte en cautionner la possibilité. Or les premiers neuroleptiques datent de 1952 et, si leur liste, trente-cinq ans plus tard, est devenue impressionnante, il ne semble pas qu'ils aient jusqu'ici servi à autre chose qu'à apaiser certains des symptômes dont souffrent les schizophrènes : ce résultat n'est évidemment pas négligeable, mais il est fort douteux qu'il suffise de le « perfectionner » pour aboutir, dans cette même direction, à un véritable traitement de la « schizophrénie ».

2. Une enquête à l'échelle mondiale menée *depuis vingt ans* sur une maladie mentale dont la définition et le diagnostic donnent lieu, aujourd'hui encore, à de très notables divergences entre psychiatres... A supposer même qu'on croie pouvoir compter sur le *DSM III* pour mettre enfin de l'ordre dans tout ça, il ne resterait plus qu'à reprendre l'enquête à partir de la définition récemment fournie par cette nouvelle Bible.

Publié en 1980 par l'Association psychiatrique américaine, le *DSM III* a été traduit en France sous le titre *Manuel diagnostique et statistique des troubles mentaux* (Paris, Masson, 1983) et presque aussitôt doublé d'un mini-manuel, *Critères diagnostiques* (Paris, Masson, 1984). De nombreux psychiatres en ont déjà souligné la tendance objectiviste, réductionniste, comportementaliste, ainsi que la parfaite adéquation à une logique informaticienne. Voir notamment l'excellente analyse critique de J.-P. Descombey in *l'Information psychiatrique,* juin 1985, p. 683-689.

mêmes (sauf parfois lorsqu'ils deviennent des savants consacrés et qu'il leur arrive de prétendre fonder quelque « morale » ou quelque « métaphysique » sur de remarquables travaux... qui ne s'y prêtent guère). Un certain nombre de psychiatres, en revanche, manifestent une forte propension à transformer en vérités globales toute approche partielle dont la scientificité leur semble garantie. Or ce n'est pas cette scientificité qui est en cause : au niveau même de la recherche, elle est généralement assurée ; c'est la portée qu'ils lui attribuent au-delà, c'est le transfert de sa compétence à un tout autre niveau d'organisation.

Il y a une sorte de fétichisme de l'objectivité, dont il est vraisemblable que nous sommes tous plus ou moins atteints, dans la mesure où il nous a été inculqué à l'école primaire, puis à la faveur des diverses formes d'enseignement qui lui ont succédé, et particulièrement par l'ambiance générale d'une époque plus fertile en réussites spectaculaires d'ordre technico-scientifique qu'en véritables avancées dans la compréhension de notre propre réalité. Ainsi avons-nous été séduits, sans même nous en rendre compte, à ne plus guère penser qu'en termes de causalité, à supposer partout des mécanismes et des lois, à croire que tout ce qui existe a quelque part sa vérité – jusqu'à imaginer les phénomènes humains soumis à leur tour au rigoureux déterminisme des processus naturels. Chez les autres en tout cas..., chacun d'entre nous se débrouillant par ailleurs, tant bien que mal, pour tirer son épingle du jeu : pour se ménager, au cœur de cet implacable système, quelque vacuole où puisse s'affirmer sa propre liberté.

Comme si chacun rêvait en effet, sans trop oser se l'avouer, d'un monde où il pourrait pleinement exister en tant que sujet, dans la mesure où lui serait garantie l'entière objectivation de tous les autres... C'est ce qu'avouent si clairement, à leur insu, ces personnes qui se flattent d'être « psychologues » (amateurs) : elles ont besoin de penser que tout être humain obéit à des mécanismes qui le rendent manipulable ; exception faite pour elles-mêmes, bien sûr, qui croient connaître ces mécanismes et pouvoir donc manipuler... leurs semblables.

Il semble même qu'une certaine conception des « sciences

humaines », et notamment de la psychologie (professionnelle), soit encore hantée par un fantasme de cet ordre, où l'on attendrait d'un savoir « objectif » sur les sujets le fondement, chez certains d'entre eux, d'une toute-puissance *subjective.* Mais ce qui m'intéresse, à cet égard, ce n'est pas le fait que des théoriciens persistent çà et là à se laisser mystifier par leurs propres techniques d'objectivation : c'est bien plutôt l'espèce de confiance *a priori* dont bénéficie leur savoir aux yeux de certains praticiens. S'il y a des psychiatres pour mettre tous leurs espoirs dans la biologie, il en est d'autres pour penser qu'une meilleure connaissance de la psychologie, ou de la sociologie, leur permettrait de soigner avec plus d'efficacité. Or je voudrais dire, avant d'aller plus loin, que ce besoin d'une assurance théorique, chez les uns comme chez les autres, m'apparaît en tout cas lié à une exigence positive : exigence qu'il importe de reconnaître, quelles que soient les illusions auxquelles il peut lui arriver de donner lieu.

Tout d'abord, je crois qu'il convient de relativiser le classique reproche qu'on adresse aux psychiatres – et qu'ils s'adressent parfois à eux-mêmes – de rechercher cette forme de toute-puissance que j'évoquais plus haut : c'est au contraire un très inconfortable sentiment d'impuissance qui le plus souvent me frappe à travers leurs propos. Je ne reviendrai pas sur les conditions générales dans lesquelles s'exerce leur activité ; je veux seulement m'attacher ici à ce qui relève de la conception même de la maladie mentale et du soin psychiatrique.

Or la difficulté la plus apparente, à cet égard, réside évidemment dans l'absence d'une conception commune, dans la multiplicité des options théoriques, dans l'extrême diversité des pratiques, voire dans la fréquente discordance entre les comportements des thérapeutes et les théories dont ils se réclament. Un environnement aussi incertain n'est sans doute pas de nature à fournir à quelque nouveau psychiatre que ce soit le minimum d'assurance dont il risque fort d'avoir besoin pour *se poser en soignant ;* c'est-à-dire pour se créditer de quelque efficacité, vis-à-vis de déséquilibres et de souffrances où la totalité d'une personne lui apparaît chaque fois engagée. A partir de là, certains essaieront de s'en tirer en se réfugiant dans un pragmatisme total, qu'ils caractérisent parfois eux-mêmes comme une forme de « bricolage » plus ou moins aléatoire : s'il y a plusieurs vérités il n'y en a aucune ; il ne reste donc qu'à faire de son mieux, au coup par coup, selon l'inspiration ou les contraintes du moment. D'autres concluront au contraire : puisqu'il ne peut y avoir plusieurs vérités et que nous ne pouvons nous passer de vérité, il faut que l'une des théories en présence soit la seule valable, son affirmation entraînant la négation des autres.

A l'usage, ces deux attitudes ne peuvent que se révéler décevantes. Il n'est guère possible de se priver durablement de toute référence (dans la pratique, on retombera le plus souvent sur la chimiothérapie, c'est-à-dire sur un organicisme implicite). Mais il n'est finalement pas plus confortable de s'assujettir à une référence unique : soit qu'on lui demeure rigidement soumis, se condamnant ainsi à ignorer l'éventuelle fécondité d'approches différentes (en même temps qu'à s'enfermer dans un monologue sectaire) ; soit qu'on en vienne à tricher avec cette référence, ou avec soi-même, au fil d'un comportement quotidien qui persiste à se réclamer d'elle mais qu'elle a cessé d'orienter (d'où d'assez fortes chances d'un retour pur et simple au pragmatisme de l'attitude précédente).

Or ces deux attitudes procèdent d'une même illusion, d'ailleurs très largement répandue, concernant *la vérité.* Nous raisonnons en effet, dans bien des cas, comme si nous supposions que la vérité est déjà là, objective, absolue, d'emblée inscrite au cœur de la réalité, et que notre tâche consiste seulement à la découvrir. En la situant ainsi du côté de l'*être,* nous nous efforçons d'ignorer qu'il nous faut la *faire :* non pas la faire apparaître (comme une statue ancienne qu'on débarrasserait peu à peu de sa gangue), mais *la faire advenir.* Or cette tâche-là est infinie, non finissable, parce que la vérité – de quelque phénomène humain que ce soit – demeure perpétuellement en suspens parmi les hommes. Toujours partielle, provisoire, évolutive ; toujours relative, toujours *relationnelle ;* toujours dialectique, parce que toujours exposée à de nouveaux dialogues d'où surgissent de nouveaux éclairages.

Bien loin d'être une sorte d'absolu dont la possession nous délivrerait de nous-mêmes, de nos différences et de nos interrogations, la vérité ne s'élabore que par nous, à travers nos efforts, tantôt convergents tantôt divergents, pour donner sens et valeur à ce que nous vivons. C'est dire qu'elle exige de chacun d'entre nous une forme particulière d'engagement : celle qui consiste, non pas à choisir sa « cause » une fois pour toutes et à militer aveuglément pour elle, mais à assumer la subjectivité, et la relative insuffisance, de tel éclairage qu'il faut bien qu'on privilégie à tel moment, de telle démarche qu'on choisit de tenir pour prioritaire. Aucune certitude objective ne peut nous épargner le risque de cet engagement, mais cette prise de risque constitue notre seule chance de contribuer à faire advenir quelque vérité. Dans la mesure, bien entendu, où nous nous maintenons en dialogue avec les autres subjectivités et leurs différentes options.

Celui qui prétend fonder sa pensée et son action sur quelque absolu que ce soit se met en somme *en condition de folie :* « sous influence », au niveau de ses raisonnements comme au niveau de ses comportements. La référence à l'absolu ne peut me servir qu'à me couper de moi-même – et des autres par la même occasion. Mais, en renonçant à une telle référence, en acceptant d'avoir à œuvrer dans le relatif, je ne me condamne pas à sombrer dans le relativisme. Il faut ici en finir avec l'absurde dilemme du « tout ou rien » : ou une Vérité absolue, ou une absolue absence de vérité ; dans un cas comme dans l'autre, c'est la question même de la vérité qui n'aurait strictement aucun sens pour nous. Compte tenu de l'expérience que nous en pouvons faire chaque jour, il semble que le souci de la vérité ne soit pas sur le point de nous quitter, et que la croyance en une Vérité préexistante tendrait plutôt à nous décourager de confronter nos différentes approches, sans apparemment progresser vers sa propre... vérification. Résumons-nous : la vérité n'est pas, il nous appartient de la faire advenir ; si elle était, ça se saurait sans doute, et, si elle nous devenait indifférente, ça se saurait aussi.

Une dernière remarque, tout de même : la croyance en une vérité objective repose, tout compte fait, sur une pure et simple confusion entre vérité et réalité. Or l'illusion selon laquelle la réalité comporterait en elle-même sa vérité implique une conception de la réalité humainement insoutenable, radicalement dépourvue de sens pour une conscience humaine. Seule, en effet, une Conscience totale, absolue (divine ?...) pourrait prendre en compte le Réel dans son être même. Mais une telle Conscience nous est évidemment inconcevable : la nôtre ne procède jamais que de façon sélective, chacun des éclairages qu'elle projette tour à tour ayant pour effet de découper un aspect de la réalité, en rejetant provisoirement tous les autres dans l'ombre. Il faut aller plus loin : il faut convenir que, pour une conscience humaine, la réalité elle-même n'*est* pas. Nous ne la rencontrons pas telle qu'elle est, pas même partiellement : nous la construisons. Elle ne nous devient « réelle » que dans la mesure où nous la *réalisons :* à partir du point de vue que nous occupons, de l'histoire qui est la nôtre, de nos instruments d'observation, et parfois des simplifications supplémentaires que nous faisons subir au contexte en fonction de quelque théorie ou pour vérifier quelque hypothèse. Selon la parfaite formule de Gaston Bachelard, « l'objectivité n'est pas dans l'objet, elle est dans la méthode d'objectivation ».

Et, là encore, cela n'implique nullement la dissolution de toute réalité, mais bien la nécessité où nous sommes de confronter nos diverses approches subjectives et d'en préciser les conditions, si nous voulons savoir de quoi nous parlons et parvenir ainsi à un certain consensus sur notre rapport au réel : sur notre quête de la vérité.

*

Tel est bien le fond du problème : le concept de « maladie mentale » est-il le fruit d'une effective *conception ?* Cet objet de pensée est-il réellement *pensable ?* Selon quel mode d'objectivation est-il constitué ? Quelle réalité empirique, existentielle, prétend-il *réaliser ?* C'est ce dernier point qui nous occupera en priorité.

L'expérience originaire, du côté du psychiatre, c'est la rencontre d'une réalité globale, d'une personne humaine, quelle que soit l'importance des troubles qu'elle manifeste. Et, naturellement, il ne peut pas en rester là : il va lui falloir, bon gré mal gré, procéder à des approches partielles, interroger cette totalité concrète, tour à tour, sur différents plans, selon différentes dimensions. Or il n'y en a pas trente-six : de quelque façon qu'on s'y prenne, on retombe toujours sur les trois mêmes, et la désignation de l'homme comme une réalité *bio-psycho-sociale* ne semble pas de nature à susciter de graves conflits. Là où les difficultés commencent, c'est lorsqu'il s'agit de situer chacune de ces dimensions par rapport aux autres.

Nous avons par avance éliminé le réductionnisme, qui consiste à tenir l'une d'entre elles pour déterminante par rapport aux deux autres. Mais le refus du réductionnisme conduit parfois à lui opposer une attitude apparemment plus ouverte, puisqu'elle accorde une égale importance aux trois dimensions, mais en fin de compte tout aussi objectiviste et sous-tendue par l'illusion scientiste, puisqu'elle se contente de voir en elles des instruments d'analyse, les seuls projecteurs dont nous disposons sur notre propre réalité. On pourrait évoquer ici la nature purement formelle des « catégories de l'entendement » chez Kant, ou la radicale abstraction des trois dimensions de l'espace euclidien (entre autres) auxquelles nous rapportons les processus naturels qui se déroulent dans notre univers. Or ce qui séduit dans cette attitude, c'est qu'elle veut rendre compte de la réalité globale et qu'elle ne prend pour vérité aucun des éclairages possibles : ainsi évoque-t-elle volontiers le projet d'une recherche « pluridisciplinaire », qui mettrait à profit leur « complémentarité ». Mais c'est précisément là que va se révéler sa non-pertinence, due à la totale extériorité qu'elle s'inflige par rapport à son objet.

En d'autres termes : si chacune des trois dimensions, ou seulement l'une d'entre elles, était en elle-même concrètement réelle, il n'y aurait pas d'unité de l'être humain, il n'y aurait pas de réalité humaine du tout ; mais, si chacune des trois était purement abstraite, leur addition ne nous dirait rien sur cette réalité, sur son unité. Quant à leur articulation, elle serait tout à fait arbitraire, ou simplement inconcevable. Et c'est bien ce que l'on peut constater à la lecture d'un nombre croissant d'études « pluri-, multi- ou inter-disciplinaires », dont la plupart se bornent à juxtaposer les perspectives des tenants de différentes disciplines – ou à tenter de faire entrevoir la possibilité de quelque métalangage par la vertu duquel biologistes, psychanalystes et sociologues se mettraient soudain à parler du même objet.

La dimension sociale (par exemple) d'une personne n'est pas séparable de sa réalité, mais elle n'est pas pour autant une simple vue de l'esprit : elle a pris sa place, une place tout à fait spécifique, *dans une genèse de cette réalité ;* et c'est seulement en se référant à cette genèse qu'on pourra tenter de comprendre les étranges et complexes rapports qu'elle entretient avec les deux autres dimensions : leurs multiples entrelacements, leurs quasi-osmoses ou leurs brutales interactions, leur inéluctable marquage mutuel, leurs temps de réaction différents à l'inscription simultanée d'un même événement...

*

Le statut de la dimension psychique est à cet égard particulièrement significatif. La psychanalyse a introduit la notion de *psychogenèse :* mais, chez ceux-là même qui ne répugnent pas à employer le terme, il me semble qu'il n'est pas toujours pris dans la plénitude de son sens. On admet volontiers que le psychisme a son histoire, on s'attache à telle ou telle description de ses « positions » ou de ses « stades » successifs ; mais on préfère maintenir son origine entre parenthèses, tout en laissant supposer qu'il n'a pu naître, en somme, que de lui-même. Voici donc une genèse qui commence par une génération spontanée. Or je comprends bien qu'on veuille éviter d'y mêler un Créateur, ou de la réduire à quelque mécanisme. Et Freud – dans une époque elle aussi fortement marquée par le scientisme – me semble avoir fait preuve d'une grande sagesse en renonçant à toute tentative d'explication rationnelle, et en se bornant à introduire la très artificielle notion de « représentant psychique de la pulsion » pour signifier le passage du biologique au psychique. L'inconvénient de cette réserve, c'est qu'elle peut tout aussi bien donner à penser que le psychisme est là d'emblée, prêt à « représenter » les pulsions, apte à digérer du biologique (et du social, bien sûr, par-dessus le marché). Or il n'est pas douteux qu'il y parviendra en effet plus ou moins, en acquérant une relative mais très réelle autonomie : peut-être, cependant, les manifestations de cette autonomie, ses limites et ses éventuelles éclipses se comprennent-elles mieux lorsqu'on tient compte de la donnée de base, – à savoir que l'*apparition* de la dimension psychique est entièrement tributaire de la rencontre entre un organisme vivant de type humain (structure du néo-cortex) et un environnement humain (langage, symbolisation).

Mais cela ne signifie nullement que cette rencontre permette d'*expliquer* cette apparition : on peut seulement dire qu'elle en est la condition nécessaire. Si certains esprits répugnent à admettre cette antériorité de l'organique et du social par rapport au psychique, c'est précisément parce qu'il leur semble que celui-ci perdrait toute dignité en apparaissant comme la simple résultante des deux autres : un peu comme dans une réaction chimique, où la mise en présence d'un acide et d'une base produit un sel. Or il ne s'agit pas, dans le cas qui nous occupe, d'un processus naturel entre facteurs homogènes, relevant d'un même niveau d'organisation ; et il ne s'agit pas non plus d'une pure et simple résultante de forces. Il s'agit d'un phénomène d'*émergence*, où le « produit » de la rencontre entre deux « facteurs » se situe à un autre niveau d'organisation, n'est pas réductible aux éléments constitutifs de ces facteurs et ne fonctionne pas selon les mécanismes qui les gouvernent. Il n'abolit pas non plus ces mécanismes : il parvient seulement à les asservir, dans une certaine mesure, au profit de son propre fonctionnement.

Si nous avions affaire à une simple résultante, on pourrait parler d'un produit, au sens le plus causaliste du terme : pur effet de la combinaison entre les deux facteurs, non seulement il serait de même nature qu'eux mais son apparition entraînerait leur disparition. L'acide chlorhydrique et l'hydroxyde de sodium produisent ensemble du chlorure de sodium, qui n'a ni la même apparence ni les mêmes propriétés, et qui pourtant n'est qu'un troisième corps chimique, entièrement soumis aux mêmes lois que les deux autres.

Il faut choisir. Ou bien nous parlons en termes objectivistes, et la relative autonomie de la dimension psychique devient totalement impensable – en même temps, d'ailleurs, que le maintien de ses complexes rapports avec les deux autres dimensions. Ou bien nous parlons en termes d'émergence, et nous nous épargnons le ridicule de nier d'emblée notre statut le plus fondamental, cette expérience directe que nous avons de nous-même : cette possibilité que nous nous sommes progressivement découverte de prendre conscience de notre propre complexité, – jusqu'à nous reconnaître dépendant d'un corps et d'un environnement social, en même temps que plus ou moins capable d'agir sur l'un comme sur l'autre. Si notre psychisme a eu besoin d'eux pour émerger, s'il leur demeure lié de bien des façons, il n'en a pas moins acquis une consistance propre, qui nous permet de nous retourner sur eux pour les désigner comme étant à la fois extérieurs à nous et intégrés à notre propre réalité (dimension somatique, dimension sociale).

Profitons-en pour dénoncer au passage l'absurdité d'un ou deux dilemmes, malheureusement trop classiques. Il n'est pas vrai que nous soyons condamnés à opter, vis-à-vis de nous-mêmes, entre un statut de *totale dépendance* et un statut de *pure liberté.* Nous disposons d'*une certaine autonomie* sur la base d'un *ensemble de conditions,* dont les unes concernent pareillement tous nos semblables et les autres varient selon la situation particulière de chacun. Les premières constituent justement ce qu'on appelle la « condition humaine » : nous n'avons pas choisi de naître, nous sommes tous nécessairement mortels et tous nécessairement différents, et une sorte d'épidémie nous frappe tous, la conscience de soi – avec toutes les complications qui en résultent, et que désigne assez bien la boutade sartrienne selon laquelle nous sommes des « animaux sinistrés ». C'est évidemment sur les secondes qu'il nous est plus ou moins possible d'agir. Et si nous pouvons prétendre à une certaine liberté, c'est dans la mesure où chacun de nous peut s'efforcer de jouer sur la diversité des contraintes que comporte la situation, en prenant appui sur les unes pour surmonter ou contourner les autres.

Dans la moyenne des cas, ces contraintes relèvent de différents domaines, ce qui les empêche de s'additionner pour nous *déterminer :* elles ne décident pas de notre action, elles peuvent seulement la *conditionner,* ce qui est radicalement différent. Et peut-être suffit-il pour s'en convaincre d'essayer de concevoir une liberté dépourvue de tout conditionnement, ignorant les résistances du réel... et condamnée en somme à s'évanouir dans une parfaite gratuité. Il y a malheureusement un trop grand nombre de situations humaines où tout semble se passer comme si la personne ne disposait plus d'aucune marge de manœuvre, comme si elle était en effet devenue l'objet d'un pur et simple déterminisme, l'un de ses conditionnements ayant acquis une telle force contraignante qu'elle ne se sent plus en mesure de le contourner. Cette *aliénation limite* (car nous sommes tous aliénés, mais, dans l'ensemble, assez modérément) peut procéder d'un lourd handicap physique, ou d'une misère matérielle, ou d'une détresse psychique.

Détresse psychique, maladie mentale, ou quel que soit le terme, c'est cette dernière forme d'*aliénation* qui nous concerne ici avant toute autre (mais pas nécessairement à l'exclusion de toute autre...). Revenons donc à notre émergence du psychisme, pour essayer, très brièvement, d'en concrétiser un peu la notion.

Parler d'*émergence,* c'est introduire le mythe de l'« Origine ». Concernant l'histoire du monde, celle des hommes, ou celle d'un homme en particulier, il s'agit en effet d'une notion proprement incernable. Mais la tentation métaphysique est là, toujours renaissante. C'est dans la bouche d'un enfant psychotique (dont la mère rapportait les propos) qu'elle m'a paru s'exprimer sous la forme la plus rigoureuse, je veux dire la plus précisément représentative d'une certaine pensée adulte : « Dis, maman, le Commencement, c'était *quand ?* » Il est clair qu'il y a tout juste autant de sens à demander : « Dites-nous, cher professeur, l'Univers, ça se situe *où ?* » Si l'Univers est quelque part, c'est qu'il n'est pas l'Univers ; si l'Origine est repérable, c'est qu'il y a eu quelque chose avant elle : c'est qu'elle n'est pas l'Origine. Objectera-t-on que la question n'est pas du même ordre lorsqu'il s'agit de l'émergence du psychisme, et non plus de la totalité de l'Être ? Mais ce serait là encore donner dans l'illusion objectiviste, disons même *matérialiste.* Car l'origine du psychisme pourrait à bon droit être considérée par nous (les opinions d'origine divine me sont à cet égard inconnues) comme tout aussi fondamentale que celle de l'Être : sans un Monde, pas de psychisme, d'accord ; mais sans psychisme...

Tout ça pour rappeler qu'une véritable émergence ne s'explique pas : celle du psychisme moins que toute autre, – puisque c'est précisément à partir d'elle, une fois qu'elle a eu lieu, que nous pouvons former, entre autres, la notion de psychisme et celle d'émergence. Mais c'est en outre un phénomène complexe, qui s'inscrit dans une durée dont aucun moment particulier ne saurait être considéré comme celui de son apparition : c'est une novation radicale, et radicalement indatable. Ce qui n'empêche tout de même ni de s'interroger sur les conditions dans lesquelles elle se produit et sur les facteurs qui y contribuent le plus manifestement, ni d'essayer de repérer différentes phases dans le cours de cette maturation.

Certains psychanalystes s'y sont d'ailleurs remarquablement employés, surtout durant cette dernière décennie, en s'efforçant de théoriser leur expérience de thérapeutes (auprès de très jeunes enfants, ou d'adultes aux prises avec leur enfance) et de ne perdre de vue aucune des dimensions en présence. Comme pour toute théorisation concernant des phénomènes humains (et ici bien plus encore, puisqu'il s'agit d'un phénomène originaire, donc nécessairement « mythique »), il importe de recevoir leurs propos à la façon d'une histoire qu'ils se racontent pour essayer de mettre en cohérence – de mettre en sens – une multiplicité croissante de prises de vue obtenues sous différents éclairages et de réflexions dues à des représentants de différentes tendances [1].

1. Il y a là, du reste, un phénomène assez nouveau, où il se pourrait bien que la psychanalyse soit en train de trouver un nouveau souffle : j'imagine mal, en tout cas, au nom de quelle raison supérieure un psychanalyste se refuserait à tirer profit des intuitions et des travaux de tous ceux de ses confrères qui ne se réclament pas de son propre chef de file ou de sa propre école. A vrai dire, il semble que certains psychanalystes soient en train de faire un pas de plus, en essayant de *se situer*, de *définir leur place* au sein d'un ensemble : c'est-à-dire d'assumer, tout à la fois, la relativité de cette place et sa radicale spécificité. C'est d'une véritable *mise en perspective* qu'il s'agit, sans laquelle aucun dialogue véritable ne saurait s'engager entre la psychanalyse et d'autres modes d'approche tout aussi nécessaires. Si l'on redoute de l'y voir perdre sa pureté, on devrait s'inquiéter au moins autant de la voir demeurer pure – au prix d'un stérile isolement.

De telles « histoires » n'ont aucune visée explicative : j'y verrais plutôt des *descriptions,* hypothétiques sans doute, mais fortement argumentées. Je n'ai évidemment pas l'intention d'en exposer ici le détail ; et les aperçus qu'on en peut fournir risquent fort d'en laisser ignorer la réelle fécondité.

Ce qu'au moins j'en voudrais retenir c'est que le psychisme du nourrisson ne nous y est pas présenté comme préexistant à son entrée dans le monde : on le « voit » se constituer progressivement, à partir de son système nerveux et du psychisme maternel. Encore ne s'agit-il, dans un premier temps, que d'un *psychisme primaire,* indifférencié, non individué, dont la mère doit demeurer en quelque façon porteuse, dépositaire. Psychisme en symbiose, psychisme flou, ne connaissant ni contradiction ni limitation, ce « noyau psychotique » constitue l'indispensable base du développement ultérieur de la personnalité : j'y verrais, pour ma part, la *dimension psychique* à l'état pur, celle qu'on qualifie parfois d'« intra-psychique ». Mais, si le corps a été mis à contribution pour cette émergence, c'est essentiellement en tant que système nerveux ; dans sa totalité concrète, il n'est pas encore psychisé. Ce qui n'était au départ qu'un psychisme flottant va devoir s'ancrer dans le soma, s'incarner, *prendre corps :* opération à double sens, le psychisme n'y prenant possession du corps qu'au prix de s'y compromettre sous la forme d'une *dimension somatique* – où la relative psychisation de la vie organique a pour contrepartie l'inscription organique des événements psychiques, leur constante somatisation (discrète ou indiscrète, normale ou pathologique). Bien entendu, la forme primaire du psychisme, le noyau psychotique, n'en subsiste pas moins ; et le corps en tant qu'organisme vivant, en tant qu'objet parmi les objets, n'est pas davantage anéanti.

De sorte que nous avons là les éléments d'une double conception du psychisme, en même temps que la mise en lumière du double rapport de chacun à son propre corps. Il y a en quelque sorte ce corps que j'ai (ou qui m'a...) : je sais qu'il m'est indispensable mais je peux le considérer de l'extérieur et, le cas échéant, le livrer à un traitement médicamenteux ou à quelque intervention chirurgicale ; et puis il y a ce corps que je suis, qui est une dimension de moi-même, dans la mesure où je l'ai psychiquement intégré. Corrélativement, il y a cette dimension psychique fondatrice, toujours latente en moi, ce noyau originel dont l'éclatement déclencherait une psychose ; et puis il y a le psychisme proprement dit, « secondaire », individualisé, qui a pour fonction d'intégrer, tout à la fois, *dimension intra-psychique* et *dimension somato-psychique.*

Le statut de la *dimension socio-psychique* sera évidemment du même ordre que celui de la dimension somato-psychique, dans la mesure où elle procédera à son tour d'un investissement psychique de l'environnement humain, de sa réalité extérieure : d'où résulteront à la fois une relative maîtrise sur cet environnement et une socialisation de la psyché.

Ce qu'en fin de compte je voulais souligner, dans tout ce qui précède, c'est la nécessité d'éviter toute confusion entre les *réalités extérieures* (le corps ou l'environnement social en tant qu'objets) et les *dimensions* (somato-psychique ou socio-psychique) qui procèdent de leur intégration. Tout comme il me paraît capital de faire une place à part à la dimension intra-psychique, en tant qu'elle conditionne et préfigure (et peut éventuellement mettre en péril) toute forme ultérieure d'intégration psychique.

Trois façons, maintenant, de récapituler les quelques pages précédentes.

1. Toute référence exclusive à la « dimension organique » ou à la « dimension sociale » dissimule une référence à l'*objet* correspondant, considéré non pas même dans sa réalité concrète mais en tant qu'objet supposé objectif, objet de science : il ne s'agit plus d'un organisme vivant ou d'un milieu humain, on a quitté l'organique et le social, on a déjà basculé dans le biologique et le sociologique.

2. Toute référence exclusive à la « dimension psychique » révélerait un contresens, symétrique du précédent, sur le statut même de la *dimension :* c'est la face objective de la somatisation, ou de la socialisation, qui serait cette fois niée au profit de sa face subjective ; et l'on assisterait alors à un glissement du psychique au psychologique, ou d'une écoute psychanalytique à la surdité du psychanalysme.

3. Le psychisme procède d'une irréductible émergence : il se constitue tour à tour comme la *dimension* primitive de la réalité humaine, l'origine de ses deux autres dimensions et leur commun principe d'intégration.

*

Alors, la maladie mentale, en quoi consiste-t-elle ? Le malade mental, à quel(s) niveau(x) est-il concerné par ses troubles, en quoi lui demeurent-ils étrangers, jusqu'où et comment s'y implique-t-il ? Parvenus en ce point de notre cheminement, je ne crois pas que nous soyons encore en mesure de répondre à ces questions de façon tant soit peu satisfaisante.

J'espère d'ailleurs que le lecteur ne s'y sera pas trompé : j'ai parfois l'air, comme ça, plus ou moins péremptoire, mais les seules certitudes que j'ai sont d'ordre négatif ; elles touchent au non-sens de toute « pensée » qui prétend imposer à la compréhension des phénomènes humains un type de scientificité adapté à la connaissance des processus naturels. Ce que je condamne sans réserve, c'est en somme le manque total d'objectivité de n'importe quelle forme d'objectivisme, quand elle s'applique à des « objets » dont la spécificité est précisément d'être aussi des sujets. Pour le reste, je suis tout à fait conscient de n'avoir à proposer que certaines « ouvertures » : un peu plus que des questions, sûrement moins que des réponses. Cela risque d'être le cas, par exemple, pour ce terme de « sujet » que je viens d'employer fort imprudemment, comme si la signification en était évidente et reconnue de tous. Or je me suis jusqu'ici borné à préciser le sens que je donne à la notion de *psychisme,* ce qui a en tout cas pour conséquence de resserrer l'ensemble de nos interrogations autour d'un point central : qu'en est-il de la personne humaine (psychisme « normal ») – et qu'en est-il du malade mental (psychisme perturbé ou inachevé) – en tant qu'auteur de ses pensées et de ses actes, en tant que sujet ? Notre prochain effort (l'un des tout derniers sans doute) consistera donc à tenter de définir le statut du sujet.

Auparavant, et comme en guise d'interlude, je suggère que nous fassions retour, quelques instants, sur la dimension sociale, relationnelle, culturelle de la personne : sur ce qu'elle a elle aussi de spécifique, en même temps que sur sa totale intrication avec la dimension somatique et la dimension psychique.

*

Commençons par la face objective, par l'environnement social en tant que réalité extérieure à la personne. On sait que la pression exercée par la réalité est fréquemment invoquée pour rendre compte de la folie. C'est le très sérieux Pierre Janet qui, en marge d'explications de type neuropsychologique, n'hésitait pas à écrire que le concept d'*aliénation* n'est pas d'abord psychologique, qu'il est avant tout « dû à la police » : « Un dément est un homme qui ne saurait vivre dans les rues de Paris (...) le mot “ fou ” est donc une appellation de la police [1]. » Une certaine antipsychiatrie viendra plus tard nous assurer, à son tour, que le malade mental est simplement quelqu'un qu'une société *folle* a déclaré « fou ». Et l'un de nos plus brillants essayistes estimera que, « si tout le monde savait qu'il y a mille façons d'être normal » et qu'il appartient à chacun de choisir la sienne, « il n'y aurait plus personne dans les hôpitaux psychiatriques (...) enfin, mis à part les vrais malades, structurels et génétiques [2]... ». De sorte qu'il suffirait d'une société sans police, ou ayant inversé ce qui était sa norme, ou acceptant que chacun de ses membres définisse la sienne propre, donc d'une société en tout cas radicalement différente des nôtres, pour qu'il n'y ait plus de malades mentaux.

Or une pareille perspective implique déjà qu'on tienne cette société pour réalisable, et, plus précisément, qu'on propose quelque moyen de contribuer à sa réalisation : dans le cas contraire, on

1. Cité par Georges Canguilhem (*Prospective et Santé*, nº 14, été 1980), qui évoque aussi cette formule inscrite par les étudiants d'Oxford sur les murs de leur université : *« Do not adjust your mind, there is a fault in reality. »* Traduction libre : « Ne cherchez pas à rectifier votre pensée, c'est la réalité qui déraille. »

2. Jacques Attali, dans un entretien avec Jean-François Reverzy (*Transitions*, nº 3, juin 1980).

parle pour ne rien dire, un peu comme si l'on déclarait que les hommes cesseraient d'être violents s'ils devenaient immortels. D'abord parce qu'on n'a pas la moindre idée de ce que serait une société mentalement saine et dont le fonctionnement conviendrait à la totalité de ses membres ; ensuite parce qu'une transformation aussi radicale, ou bien nécessiterait le recours à des méthodes extrêmement contraignantes (avec désignation assurée de nouvelles catégories de déviants), ou bien ne pourrait aboutir que dans un avenir fort lointain.

Cette difficulté m'apparaît toutefois secondaire au regard d'une autre, qui d'ailleurs transparaît quelque peu dans la réserve finale que comporte le propos d'Attali : « mis à part les vrais malades, structurels ou génétiques ». Pour les « génétiques » (oligophrènes, trisomiques...), la chose est claire. Mais que recouvre le terme « structurels » ? Précisément tous ceux, me semble-t-il, dont la personnalité ne s'est pas suffisamment structurée, dont la psychogenèse a été quelque part interrompue ou faussée : ce n'est pas la société réelle qui a perturbé leur développement, c'est le relatif échec de ce développement qui les a rendus inaptes à se socialiser, à intégrer la société en tant que *dimension sociale de leur propre personne.* Et sans doute peut-on se demander si la réalité sociale n'est pas tout de même intervenue, dès les premiers mois de leur vie, à travers les comportements de leur mère : mais ce serait admettre que ces comportements ont eux-mêmes été exclusivement conditionnés par l'état de la société, – alors qu'ils procédaient d'une complexité psychique au sein de laquelle les fantasmes sexuels, l'énergie vitale et les grandes interrogations sur la vie et la mort, par exemple, s'entrelaçaient à coup sûr de toute autre façon que chez la voisine de palier.

Bon. J'étais parti pour contester l'étiquette de « malade mental », et me voilà en train d'argumenter contre les perspectives qui la contestent aussi : mais on aura compris que je tiens tout autant à affirmer la *réalité du trouble psychique* qu'à récuser les différentes conceptions qui ne s'intéressent à ce trouble que pour en méconnaître la complexité... psychique. Que le recours à l'étiquette soit nettement excessif dans nos sociétés « avancées », et que l'étiquetage, même justifié, donne souvent lieu à des traitements qui le sont beaucoup moins, cela doit conduire à beaucoup plus de rigueur dans la conception du diagnostic et dans celle du soin ; mais cela n'autorise nullement à nier qu'un trop grand nombre de nos contemporains souffrent d'une invalidation indissociable de leur propre personne, *qu'ils sont devenus plus ou moins étrangers à eux-mêmes, et qu'ils ont besoin d'une aide étrangère pour entreprendre de se désaliéner.*

Ce paradoxe est le nôtre : chacun d'entre nous est pareillement condamné, d'entrée de jeu, à tenir des autres sa propre vie, sa propre subsistance, sa propre psychisation. C'est dans le miroir, sur une image extérieure cautionnée par une présence autre, que nous acquérons la première intuition de notre identité ; c'est dans le regard des autres que nous prenons conscience de nous-même ; c'est l'amour et l'estime des autres qui nous donnent confiance dans nos propres potentialités. Autant dire que l'altérité nous est consubstantielle : « je est un autre » – comme disait l'autre...

Telle est bien notre dimension sociale : les autres en nous ; nous-même autre pour nous, et demeurant pourtant nous-même. Ça, c'est la condition humaine quand tout va bien, quand l'intégration a été réussie. Mais il peut arriver que ce statut d'altérité au cœur de l'identité (le soi à distance de soi, la non-coïncidence avec soi) n'ait pas été atteint, ou bien qu'il se change plus ou moins soudainement en étrangeté, en aliénation, en dissociation du soi. C'est là qu'il importe de ne pas confondre aliénation *psychique* et aliénation *sociale.*

L'aliénation sociale est multiforme : ses aspects les plus évidents sont d'ordre économique, mais il faut aussi mentionner le phénomène de la solitude (dans une société caractérisée par une grave perte de socialité) et, plus généralement, plus sournoisement aussi, le très notable amoindrissement du pouvoir social de chacun en tant que citoyen (en fonction du rôle inhibiteur de l'État vis-à-vis de la société civile). La personne qui se bat contre une forme d'oppression ou d'exploitation, ou qui multiplie les occasions d'entrer en rapport avec ses semblables, ou qui s'efforce de reconquérir l'initiative par rapport à tel ou tel aspect de sa situation, peut-être ne parviendra-t-elle pas à triompher entièrement de son aliénation sociale : du moins a-t-elle les plus grandes chances d'échapper à l'aliénation psychique. Celle-ci apparaît au contraire lorsque quelqu'un ne parvient plus à tenir ensemble, à *dialectiser*, la face objective et la face subjective de sa dimension sociale : lorsqu'il lui arrive de ne plus avoir affaire à la réalité des autres ou à celle des structures, mais *seulement* à ce que ces autres ou ces structures sont devenus « dans sa tête ».

De là vient qu'on ne peut se sentir satisfait ni quand le trouble psychique est purement référé au contexte social de la personne ni quand il est désigné comme purement « intérieur au sujet » : dans le premier cas, le pôle subjectif de la dialectique disparaît au profit de facteurs extérieurs réputés « pathogènes » ; dans le second, c'est la réalité des pressions ou des carences sociales qui se trouve oblitérée par la mise en avant d'un conflit intrapsychique. Ici comme là, on évacue la question fondamentale, celle de l'aptitude à donner sens au monde extérieur en le psychisant, et donc en nous socialisant psychiquement sans pour autant confondre cette « socialisation » avec le milieu réel que nous avons à pratiquer.

Une telle aptitude suppose à coup sûr un psychisme bien intégré. Et il me faudrait encore alourdir la parenthèse en cours, pour y réintroduire explicitement la dimension somatique et rappeler à quel point le social, le culturel, le symbolique font très tôt l'objet d'une *incorporation* progressive, d'une effective *somatisation* – qu'on peut à son tour considérer comme l'envers ou la contrepartie de la socialisation. Mais il n'est que temps de revenir au point central de notre réflexion, et notamment d'interroger cette *aptitude* dont je viens de dire qu'elle supposait en tout cas un psychisme bien intégré. Car il ne nous reste plus, en somme, qu'à tenter de lui donner un statut ; ou, si l'on préfère, à tenter d'approcher le principe d'intégration du psychisme, l'« intégron » de la personnalité – le *sujet*, pour tout dire...

*

Si certains troubles psychiques peuvent être mis en rapport avec les ratés de la psychogenèse, on n'en conclura pas qu'ils ont une « cause psychique » : car ces ratés (accidents ou interruptions de parcours, blocages, phases critiques mal traversées ou parfois même non affrontées) impliquent eux-mêmes l'intervention d'une multiplicité de facteurs et leurs interactions réciproques. Simplement, dès qu'il y a émergence psychique, aucun facteur ne peut plus agir sur le psychisme sans être en quelque façon psychisé : plus précisément, c'est d'un même mouvement que le psychisme lui donne sens et se fait conditionner par lui.

Mais on voit bien que tous mes efforts pour demeurer descriptifs, pour ne pas verser dans l'illusion explicative, me conduisent en fin de compte, *ou bien* à décrire un psychisme-objet, naturellement doué d'une sorte de propriété semi-digestive à l'égard de la réalité extérieure et d'une propriété intégrative à l'égard de ses différentes dimensions, *ou bien* à me demander quel rapport ce psychisme, le mien, peut bien entretenir avec mon propre pouvoir de m'interroger sur lui. Autrement dit, en tant qu'auteur de cette interrogation, suis-je identifiable à lui (devenu ainsi psychisme-« sujet ») ou, sinon, de quelle manière en suis-je le *sujet ?*

En fait, la pensée psychiatrique (je parle de celle pour qui le psychisme n'est pas un simple épiphénomène) échappe souvent à cette difficulté : elle n'utilise pas volontiers la notion de « sujet », ou se contente assez bien de n'y voir qu'une forme particulière d'objet. Et la pensée psychanalytique elle-même me semble avoir, un certain temps, fait preuve d'une négligence du même ordre : comme s'il lui suffisait d'avoir affaire à une matière « psychique », à un espace « psychique », à une architecture « psychique » et finalement à une sorte de mécanisme « psychique ». Écartelée entre le Ça et le Surmoi, la très impersonnelle instance du Moi apparaissait plus fréquemment comme la résultante aléatoire de leurs rapports de force que comme un véritable pouvoir de négociation. Je simplifie, bien sûr ; mais j'ai tout de même eu plus d'une fois le sentiment (et j'irai jusqu'à avouer que certains écrits ou propos tout à fait contemporains me le font encore éprouver) que l'admirable formule de Freud - *« Wo Es war, soll Ich werden »* – avait dû faire l'objet d'une lecture un peu distraite... Car elle n'aurait strictement aucun sens si *« Ich »* y désignait le Moi, et ne peut donc être entendue que sous la forme : « Où ça était, *je* doit advenir. »

A vrai dire, je n'imagine pas de façon plus aiguë et concise à la fois de poser le problème qui est ici le nôtre : celui du *sujet,* de son statut fondamental et de la place qu'il convient de lui faire dans la rencontre avec le malade mental. On me pardonnera toutefois de ne plus trop me préoccuper d'aucune des diverses orthodoxies freudiennes, dans les prolongements que je donnerai maintenant à cette formule.

Ainsi proposerai-je d'emblée (on fera le détail ensuite) d'y considérer le mot « ça » comme désignant l'ensemble des trois instances (le Ça, le Surmoi et le Moi), et d'identifier cet ensemble à ce que nous avons ici défini sous le terme de psychisme. On n'aurait d'ailleurs pas trop de peine à y retrouver, comme dans le dessin-devinette du lapin et du chasseur : la dimension psychique (psychisme primaire) et la dimension somato-sexuelle ; la dimension socioculturelle ; leur intégration dans le psychisme proprement dit. Mis à part le psychisme primaire, antérieur à toute individuation, c'est cet ensemble, ce psychisme plus ou moins intégré, qui figurerait à mes yeux le *moi* – à partir duquel le *je* doit *advenir.*

Le *moi,* tout d'abord. J'y verrais une sorte de « quasi-objet », hybride, composite, une émergence fragile, instable, dont l'intégration est toujours en suspens : une « totalité détotalisée », pour reprendre un terme sartrien. Sa relative cohérence est avant tout rendue possible par quelques étayages et par divers conditionnements (éducation, instruction, règlements de tous ordres). Il pourra même arriver que les premiers étayages n'aient pas suffi à permettre le passage au psychisme secondaire et que la cohérence demeure purement conditionnée, artificiellement maintenue de l'extérieur – un corset environnemental suppléant à l'absence de structuration interne. Intégration manquée, psychisme avorté : c'est ce qu'on désigne parfois sous le terme de « faux self », et qui est évidemment exposé à de brutales décompensations, avec régression aux phases les plus archaïques de la psychogenèse.

Un « être transitionnel », donc, à mi-chemin entre la réalité extérieure et le pouvoir de la réaliser en l'interrogeant, entre l'*être de l'objet* et l'*acte du sujet* capable de l'objectiver. C'est ancré dans l'être, mais ce n'est plus vraiment de l'être : il y a émergence de sens, de sorte que c'est également ancré dans le symbolique. Et ça n'a pas vraiment le statut de l'acte : mais ça n'y accéderait jamais si ça n'en était pas virtuellement porteur... Ainsi, ce que nous avons décrit sous le terme d'émergence doit maintenant s'entendre à un double niveau : au cœur de l'apparition effective, constatable, du psychisme, qui constitue déjà notre arrachement au monde naturel, notre culturalisation, il y a émergence d'une potentialité, d'un *pouvoir virtuel,* sans l'actualisation duquel nous resterions en somme des animaux artificialisés, culturellement conditionnés.

Émergence insaisissable, celle-là, car elle n'a plus du tout un statut d'être : elle n'est plus ancrée dans l'être, mais entée sur le psychisme. En fait, c'est dans la mesure où le psychisme en est porteur que son apparition peut elle-même être considérée comme une véritable émergence : aucun individu ne pourrait seulement *être culturalisé* si le monde qui l'accueille ne faisait pas déjà l'objet d'une culturalisation active. Le psychisme ne serait qu'une sorte d'être naturel si la question du sujet ne s'y posait pas, dans la dynamique même de son intégration. Le *moi* ne serait qu'une forme particulière d'objet si son identité dépendait exclusivement des autres, s'il n'était pas potentiellement capable de la reprendre à son compte en la dialectisant. C'est-à-dire en la faisant sienne, au prix de s'en distinguer en tant que sujet de cette appropriation.

Je me reconnais tel ou tel : il n'y a pas de *moi* sans un *je* qui le nomme et qui le qualifie. Mais c'est bien ici, paradoxalement, que nous risquons de retomber dans l'illusion objectiviste. Car il ne suffit pas de dire « je » pour devenir sujet. Et c'est le « sujet » lui-même qui ne serait à son tour qu'une forme particulière d'objet (ou une simple forme grammaticale), si on lui accordait un statut permanent, si nous nous considérions comme étant des sujets. Le sujet n'*est* pas, il ne peut qu'*exister,* en se manifestant dans ses actes (pratiques ou réflexifs). Exister, c'est-à-dire se projeter hors de soi : j'existe en ne me laissant pas être, en ne m'abandonnant pas à l'inertie de ce *moi* qui est déjà là, en le dépassant vers quelque fin, en m'y arrachant sans toutefois m'en séparer (un peu comme le hors-bord doit en grande partie décoller du plan d'eau pour avancer vraiment, mais n'avancerait plus du tout s'il en décollait tout à fait). Le *je* ne peut se passer du *moi,* mais il ne se manifeste qu'en en refusant le statut.

Nous parlerons donc plutôt d'une *fonction-sujet,* qui s'exerce ou ne s'exerce pas, qui s'actualise ou ne s'actualise pas, selon les moments. Quand je dis « je », ce n'est souvent que *moi* qui parle : ça parle par ma bouche, mais *je* est absent, ou occupé ailleurs. Bien des conversations ne sont ainsi qu'un rapport entre deux *moi* au lieu d'être une relation entre un *je* et un autre *je :* aucun des partenaires ne s'implique vraiment dans les propos qu'il y tient ; on n'y est pas producteur de sens, on se borne à y échanger des significations. Tout cela, nous le saisissons très bien sur nous-même, dans la mesure où la fonction-sujet n'est jamais tout à fait inactive, où elle maintient en nous un minimum de vigilance, où elle nous condamne en somme à demeurer présent à nous-même jusque dans nos absences. Reconnaissons d'ailleurs que ces absences nous sont parfois bien utiles : c'est bon de pouvoir de temps à autre « faire roue libre », on ne peut pas se tenir en permanence à l'extrême pointe de soi. A condition de ne pas trop longtemps perdre de vue le fait qu'on est, en dernière analyse, l'unique moteur de soi-même ; et qu'on ne saurait aller bien loin en se bornant à compter sur la vitesse acquise...

Mais la fonction-sujet n'est pas seulement le moyen de nous arracher à notre propre inertie ou d'engager avec autrui des dialogues réels. C'est elle aussi qui intervient pour assurer l'intégration active et les éventuels remaniements des dimensions tour à tour mises en place par la psychogenèse, ou pour contrôler le rapport dialectique entre la face subjective et la face objective de la dimension somatique et de la dimension sociale. C'est elle qui nous permet, dans une certaine mesure, de nous unifier, de nous composer ou de nous recomposer. C'est notre pouvoir de mise en cohérence, de mise en sens, à l'égard de notre propre diversité en même temps qu'à l'égard des situations auxquelles nous sommes confrontés. C'est elle enfin que chacun d'entre nous met à contribution chaque fois qu'il s'engage dans une entreprise concrète, où il lui faut tenir compte de certaines contraintes – dont certaines sont d'emblée connues, d'autres plus ou moins probables et d'autres encore parfaitement imprévisibles.

Il s'agit là d'un problème de navigation, c'est-à-dire d'une perpétuelle *négociation* avec le hasard et la nécessité. Et ça concerne aussi bien la vie entière d'une personne humaine que telle ou telle de ses entreprises particulières. Nous ne *sommes* évidemment pas plus une liberté que nous ne *sommes* un sujet : mais c'est à coup sûr dans des négociations de cet ordre que nous pouvons nous affirmer *relativement libre* en nous faisant *relativement sujet.*

La fonction-sujet, le *je,* suppose qu'une marge de *jeu,* un espace de liberté, se fasse jour, se creuse au cœur même du psychisme. C'est cet écart entre soi et soi, cette insaisissable *distance intérieure,* qui rend possible la *distanciation active* du *je* vis-à-vis de toute forme d'être : l'objectivation par un sujet de n'importe quel « objet » ; la réalisation *par lui,* et donc la réalité *pour lui,* de tel ou tel secteur du « réel ». Sans cette marge de jeu, nous ne serions qu'une diversité psychique, incapable de se composer elle-même pour affronter la diversité extérieure, pour lui donner sens en composant avec elle.

*

Or voici : cette marge de jeu est la condition nécessaire de toute mise en œuvre de la fonction-sujet, elle en fonde la potentialité, *mais elle n'en garantit nullement l'actualisation.* Il faut même ajouter que nous ne disposons d'aucun critère objectif qui nous permette de décider si cette fonction est ou n'est pas effectivement exercée, dans une circonstance donnée, par quelque « sujet » que ce soit – y compris nous-même. Autrement dit, l'existence et la mise en œuvre de cette fonction sont, par définition, radicalement *improbables :* elles ne peuvent faire l'objet d'aucune preuve. La seule certitude que nous ayons à leur propos, c'est que, à partir du moment où la question en est posée, la pure et simple négation en est strictement impossible. Rien ne m'autorise à affirmer, si convaincu que j'en sois « dans mon for intérieur », que *je* pense ce que « je » viens tout juste d'écrire : ce n'est peut-être que l'argumentation d'un autre, qui a trouvé en *moi* son écho. Mais il a bien fallu que cet autre la produise (ou quelqu'un d'autre encore...), et qu'il lui donne sens – et pas seulement pour lui, puisqu'elle nous interroge aujourd'hui, vous et moi, sur notre commun statut. Le « je pense » peut assez souvent n'être qu'une illusion ; mais, s'il en était toujours une, la question « suis-je vraiment en train de penser ? » ne se serait jamais posée à personne.

Insistons encore un peu sur cet étrange statut de la fonction-sujet. Potentiellement, nous « sommes » tous des sujets : cela signifie que chacun a à se faire sujet en actualisant cette potentialité *et* qu'il ne saurait y parvenir si quelque ébauche d'actualisation n'était pas déclenchée en lui pour lui en fournir à la fois le modèle et le goût. En d'autres termes, l'activation consciente de la fonction-sujet suppose que cette fonction soit déjà en quelque sorte spontanément à l'œuvre (on a envie de dire : passivement agissante) en tant que *subjectivité latente,* « en veilleuse », non encore assumée et pourtant plus ou moins éprouvée. Potentielle et réelle tout à la fois : potentielle par rapport à la *distanciation active* qu'est l'opération d'un sujet ; réelle en tant qu'expérience de cette *distance intérieure* de soi à soi où se postule un premier « je ».

J'ai parlé de *déclenchement :* il en faut un, c'est sûr, pour que puisse *advenir* ce « je » qui aura à se faire sujet. Mais il s'agit bien d'un avènement, et non pas d'un simple événement, qu'on serait tenté de confondre avec quelque processus naturel. Il s'agit d'un phénomène humain : plus précisément encore, d'un phénomène d'humanisation, de l'émergence même de l'homme en tant que sujet. Quoi qu'on s'efforce de préciser autour de son « déclenchement », il faut donc une fois pour toutes convenir que cette émergence n'en recevra jamais la moindre explication. Mieux vaudrait se contenter d'emblée d'y voir la main de Dieu-le-Père que d'espérer parvenir un jour à rendre compte de la fonction-sujet à partir de l'un quelconque de ses objets.

Personnellement, j'y verrais plutôt la main des autres. A

commencer, bien entendu, par cet autre si peu autre qu'est la mère, aux premiers temps de la vie de l'enfant [1]. Si nous avons tout d'abord fondamentalement besoin d'être accueilli, aimé, assuré dans l'être, il faut également qu'intervienne très tôt cet intime clivage qui va nous tenir à distance de nous-même, cet accès à la symbolisation, cette psychisation, cette « encorporation », cette expérience passive de la subjectivité. C'est alors que nous aurons besoin d'être *appelé à l'existence,* puis, à longueur de vie, d'y être *rappelé.* Il s'agit là d'un service que les consciences humaines se rendent plus ou moins, ou ne se rendent pas, selon les situations, selon les moments, – mais qu'elles sont en tout cas seules, anges gardiens mis à part, à pouvoir se rendre.

Cela peut prendre bien des formes : depuis le réel souci d'encourager ou d'aider l'autre à se faire sujet jusqu'à l'attitude méprisante qui va peut-être provoquer son refus d'être objet. Mais, dans la plupart des cas, les autres comptent sur nous, et nous comptons sur eux, à une sorte de niveau moyen où il apparaît que chacun s'accommode assez bien du statut d'*objet-sujet* – pour lui-même et pour les autres.

Objet-sujet : c'est bien ce que je « suis ». Jamais acte pur et jamais simple chose ; tantôt utilisé, tantôt utilisant ; plus ou moins conscient qu'il ne me servirait à rien d'être reconnu comme sujet par quelqu'un que je ne reconnaîtrais pas moi-même comme tel ; et revendiquant tout aussi bien, parfois, la reconnaissance de mon être-moi, de mon caractère, de mes relatives aliénations ou des contraintes que m'imposent les circonstances... Tel est mon statut d'« existant », en perpétuelle oscillation entre sa limite inférieure, où ma présence au monde et à moi m'est simplement donnée, et sa limite supérieure, où je ne puis exercer une action réelle sur le contexte sans quelque arrachement à moi. D'un côté, il me suffit de me laisser être ; de l'autre, il me faut m'assumer, devenir sujet de mon existence, m'impliquer dans mes entreprises, me responsabiliser. Autant dire : *m'affirmer libre,* envers et contre tous mes conditionnements ; manifester cette exigence

1. C'est un livre entier qu'il faudrait écrire pour recenser les multiples éclairages qui ont déjà été proposés sur cet aspect capital de la psychogenèse, et surtout pour tenter d'en faire apparaître la très féconde complémentarité.

absolue tout en sachant qu'elle n'a d'autre fondement qu'intersubjectif, qu'elle ne pourra s'exercer que relativement et n'obtenir de satisfaction que partielle. *Ce ne sera donc rien d'autre qu'un PARI.*

Pari sur mes propres ressources, sur mon aptitude à naviguer, à négocier (avec les autres, avec l'imprévu, avec mes propres défaillances...), à maintenir le cap en modifiant parfois ma route. Mais, ce pari, je ne suis pas seul pour le faire. D'autres peuvent en reconnaître le sens, me soutenir de quelque façon que ce soit ; et d'autres m'ont déjà soutenu par avance, soit que leur amour et leur tendresse m'aient assuré dès les premiers jours de ma vie un précieux capital de confiance en soi, de « sécurité ontologique », soit que leur chaleureuse estime m'ait par la suite aidé, en différentes occasions, à tirer des traites sur ce capital en m'engageant sur des voies qui ne m'étaient point familières.

Non, je ne suis pas parti pour raconter ma vie : je prends simplement le risque de dire « je », comme il se doit, pour parler de l'*existence* – la vôtre aussi bien que la mienne. Celle de n'importe qui, *« malade mental » ou pas...*

*

...A ceci près, bien sûr, que nous n'avons pas tous eu les mêmes chances au départ. Là où il peut suffire aux uns d'être par moments réveillés, stimulés, rappelés à eux, là où il ne s'agit pour eux que du bon usage qu'ils ont à faire d'un psychisme bien intégré, là où se pose d'emblée le problème du *je,* d'autres en sont encore à se débattre avec certaines « failles » ou « insuffisances » de leur *moi,* avec une « fonction psychique défaillante », un *moi* « trop partiellement développé [1] ». C'est donc à ce niveau qu'ils auront avant tout besoin d'être aidés ; mais j'espère avoir suffisamment montré, au fil de la réflexion qui précède, qu'il serait absurde d'envisager un psychisme sans subjectivité, – et

1. J'emprunte tous ces termes à Didier Anzieu, dans *Une peau pour les pensées,* Éd. Clancier-Guenaud, p. 66-67.

tout à fait vain de prétendre rééquilibrer un *moi* indépendamment d'un pari fondamental sur la *fonction-sujet*, sur la *personne* en tant que *potentialité d'existence*.

Il semble bien, d'ailleurs, que certains troubles psychiques soient à interpréter, non point comme un non-accès provisoire à l'affirmation de soi en tant que sujet, mais bien plutôt comme la suractivation d'un *je* qui en viendrait à perdre son étayage dans le *moi* et, par là, son ancrage dans l'être : une sorte d'arrachement absolu, un moteur qui tournerait à vide, la toute-puissance illusoire d'un pur Sujet, une liberté devenue folle...

De toute façon, il s'agit bien toujours d'un sujet potentiel, qui tantôt ne parvient pas à s'actualiser et tantôt ne s'affirme qu'en se déréalisant. C'est cette double perspective qu'on retrouvera, je crois, sans trop de peine au hasard des quelques formulations suivantes :

> L'aliéné conserve toujours une distance à son aliénation (...) [Celle-ci] est en prise sur le tout du sujet, sans jamais se faire annulation pure et simple de la fonction subjective. Elle est *venue à vacillement* de la capacité du sujet à se soutenir comme tel (...) [Les symptômes] sont à lire comme expression de l'engagement du sujet dans sa folie, de son rapport à sa folie [1].

> Le délire suppose (...) *une participation totale du sujet*, et c'est *dans le sujet lui-même* (...) qu'il faut chercher le fondement de la folie [2].

Alors, le malade mental ? Un existant, comme n'importe qui : le même statut d'« objet-sujet » ; mais un statut perturbé, dont le centre de gravité s'est exagérément décalé, soit vers la position de quasi-objet, soit vers celle d'un impossible Sujet. Quelqu'un, donc, qui a davantage besoin que la plupart d'entre nous qu'on

1. Gladys Swain, *le Sujet de la folie*, Toulouse, Privat, p. 22-23. J'ai souligné l'expression « venue à vacillement », qui indique bien tout à la fois la présence de la fonction-sujet et son impuissance à s'assurer d'elle-même.

2. André Guillain, in *l'Évolution psychiatrique*, n° 2, 1984, p. 584 ; les passages soulignés sont des citations d'Henri Wallon. L'auteur y ajoute en note une citation de René Angelergues (toujours à propos d'Henri Wallon) : *« La maladie mentale est la propriété inaliénable du sujet qui la produit. »*

s'adresse à lui en tant que sujet potentiel, qu'on l'aide à reprendre confiance en lui et dans son rapport à la réalité, qu'on parie *avec lui* sur son aptitude à se récupérer en tant que négociateur de sa propre existence.

Pour l'y aider, bien des moyens pourront être tour à tour employés. Mais aucun d'entre eux ne saurait lui apporter autre chose qu'un soulagement provisoire et partiel s'il procédait d'une vision unidimensionnelle de sa « maladie » : s'il négligeait de s'inscrire dans une stratégie globale, entièrement sous-tendue par cette quête en lui de la fonction-sujet, par le désir de lui en faire retrouver l'exercice. Et c'est bien une stratégie de cet ordre que propose Tosquelles lorsqu'il parle d'un « sujet à rejoindre » plutôt que d'une « santé à récupérer ». Je viens de citer quelques lignes de Gladys Swain sur la distance de l'aliéné à son aliénation ; en voici le prolongement :

> Loin donc d'être réduit au statut d'insensé-objet sur lequel on agit du dehors, il devient subjectivité déchirée avec laquelle un commerce thérapeutique est possible. La sortie du fou hors de sa folie, c'est au-dedans de lui-même qu'elle se joue d'abord et c'est à la mobilisation de ses ressources intérieures que doit contribuer la relation qu'il peut nouer avec le thérapeute.

J'allais omettre de signaler, pour ceux qui n'ont pas lu *le Sujet de la folie,* que l'optique ainsi définie est expressément rattachée par l'auteur à une rupture introduite dans la conception de la folie par Pinel, en 1801...

*

J'ai déjà évoqué d'éventuelles motivations de l'attitude réductionniste, et certains facteurs propres à en favoriser l'adoption. Mais, devant son actuelle relance, en particulier sous la forme d'une « psychiatrie » exclusivement biologisante, il serait proprement absurde d'opposer à cette idéologie (objectiviste) une autre idéologie (subjectiviste). Le débat restera sans issue – il ne pourra même pas avoir lieu – aussi longtemps que les adversaires de cette forme de réductionnisme *réduiront* leur propre attitude en se bornant à la présenter comme théoriquement plus satisfaisante : c'est-à-dire en négligeant de préciser qu'elle repose sur un *pari pratique,* qu'elle engage une *éthique.*

Et que c'est bien là ce qui permet de la tenir pour plus satisfaisante, en théorie tout autant qu'en pratique... Ou bien l'exercice de la fonction-sujet est proprement suicidaire : elle ne se manifeste que pour s'abolir au nom de la scientificité ; ou bien le psychiatre (« *sujet*-objet ») décide que tout malade mental est lui-même un *sujet potentiel* (sous les espèces provisoires d'un « sujet-*objet* »). Cette *décision* relève d'un choix moral, auquel ne saurait suppléer aucune justification « scientifique ». Elle signifie – au sens le plus actif de ce verbe – le refus de considérer le sujet, « malade mental » ou pas, comme objet de quelque science ou technique que ce soit : il n'y a pas de *science* du sujet, il n'y a pas de *traitement* du sujet. La psychiatrie ne serait qu'une mystification de plus (l'une des plus cruelles...) à mettre au compte du scientisme et de la suraliénation technocratique de notre société, si elle ne se définissait pas résolument comme étant avant tout une *praxis,* engagée par des sujets à la rencontre d'un sujet.

*

Une praxis, ce n'est pas une agitation empirique, une pratique plus ou moins activiste et privée de tout axe de référence. Il ne lui suffit pas d'être sous-tendue par une exigence d'ordre éthique : il lui faut aussi réfléchir sur elle-même, interroger sa propre démarche (ses « échecs » comme ses « réussites »), procéder à une certaine *théorisation.* Et, comme d'autres ont déjà fait ce travail pour leur propre compte, il serait absurde de se priver des éclairages que la réflexion sur leur propre praxis leur a permis de dégager. La difficulté, ici, tient au fait que toute théorisation finit par se déposer sous forme de *théorie.* Il importe donc de savoir en user librement avec les théories existantes, y compris avec celle d'entre elles que l'on tient pour la plus féconde, et de rechercher en chacune le mouvement de théorisation qui en a constitué le sens. C'est à Jacques Hochmann – qui a si finement décrit les différentes fonctions du *modèle* et le besoin qu'ont les soignants d'y recourir (en particulier vis-à-vis de l'enfant psychotique) – que l'on doit ces quelques lignes sur la nécessité, aussi, de savoir *jouer avec les théories :* « Comment apprendre à appliquer la théorie à la pratique, et à enrichir la théorie de sa pratique ? Comment quitter vis-à-vis des théories l'attitude de révérence qui fait qu'on n'ose y toucher, ou au contraire qu'on les applique sans nuances, ou encore, comme il advient aux idoles, qu'on les détruit sans les regarder [1] ? »

Or c'est au moins d'une égale liberté que le psychiatre doit faire preuve vis-à-vis des théories qui lui sont cette fois totalement extérieures, et dont la plupart relèvent de disciplines réputées scientifiques. La question se pose, en tout cas, des possibilités d'articulation entre une approche relationnelle, dialoguante ou pré-dialoguante, et les méthodes rationnelles, très généralement objectivantes, des « sciences humaines ». Je reviendrai sur ce point dans un court chapitre final, consacré aux problèmes de la recherche.

*

Auparavant, il me reste à imaginer l'indulgent sourire que mes considérations d'ordre éthique risquent de provoquer s'il advient qu'elles tombent sous les yeux – non pas de quelque réductionniste (là, ce serait plutôt le simple haussement d'épaules, et ça me semblerait aller de soi) – mais de tel ou tel psychiatre-psychanalyste, qui me trouvera bien naïf de proposer ce pari *sur le sujet* après m'être contenté de quelques furtives allusions à l'Inconscient. Et là, je l'avoue, je trouverais ça beaucoup plus regrettable. Je vais donc essayer (en quelques pages !) de m'ex-

1. Ce dernier texte est extrait d'un article intitulé « De la théorie comme fiction à la fiction comme théorie » *(Bulletin du CES de psychiatrie de l'université de Lyon,* n° 19, octobre 1980). La réflexion sur la notion de « modèle » court tout au long de l'ouvrage *Pour soigner l'enfant psychotique* (Toulouse, Privat, 1984), et les pages 35 à 41 en fournissent plus particulièrement la théorisation. Une brève formule tirée de l'article précise le rapport qu'établit l'auteur entre les deux notions : « Le *modèle,* cette incarnation concrète de la *théorie.* »

pliquer sur ce point, tout au moins sous la forme des principales questions que je me pose – quitte à faire apparaître cette fois comme dangereusement profonde une naïveté qu'on se serait peut-être contenté de tenir pour superficielle...

Ma première question porte évidemment sur la conception même de l'Inconscient. Il n'est pas nécessaire d'avoir été analysé pour avoir lu une bonne part des écrits de Freud (du moins, en ce qui me concerne, lorsqu'ils ont été traduits en français) et pour avoir ainsi pu constater, chez lui déjà, un certain flottement à cet égard. A la limite, on serait tenté de dire qu'il s'agit tour à tour de plusieurs Inconscients différents, quant à leur nature, quant à leur contenu, quant à leur origine. Les commentateurs les plus autorisés font d'ailleurs état de ce caractère composite de la notion [1]. Mais il semble que ce constat ait donné lieu à deux attitudes inverses chez les continuateurs de Freud, comme si les uns s'efforçaient de gommer l'apparente incohérence de la pensée freudienne, au prix d'en appauvrir plus ou moins la richesse, cependant que les autres y verraient plutôt une diversité de pistes correspondant à la complexité même du... sujet.

Compte tenu des multiples éclairages actuellement fournis par ces derniers (et dans la mesure où il m'a été possible d'en prendre connaissance), j'évacuerai d'emblée, sans trop de risques, toute conception de l'Inconscient qui en ferait une sorte de système clos, un « lieu psychique » homogène, une structure radicalement séparée du reste du psychisme, ou encore un pur et simple contenant pour des représentations refoulées. Mais, avant de proposer quelques remarques moins négatives, je voudrais rappeler que la notion d'*inconscient* peut prendre sens en dehors de la psychanalyse et que la réflexion psychanalytique pourrait le cas échéant puiser quelque stimulation dans tel ou tel rapprochement entre sa propre théorie de l'Inconscient et d'autres usages auxquels le terme se prête assez bien par ailleurs.

Faut-il par exemple faire preuve de la désinvolture habituelle

1. Quelques articles (en particulier « Inconscient », « Refoulement », « Refoulement originaire ») du *Vocabulaire* de Laplanche et Pontalis esquissent sur ce point un bilan fort significatif.

à l'égard de l'inconscient conçu comme la *condition de toute prise de conscience ?* Oui, sans doute, s'il ne s'agit que de tel acte de conscience particulier (perception, remémoration, imagination) et du rejet qu'il implique de tout ce qui ne concerne pas sa visée propre. Non, me semble-t-il, si l'on songe à la genèse même de la prise de conscience du monde et de soi, à ce qu'elle implique d'incorporation et de clôture relativisante pour un psychisme primaire caractérisé par son ouverture et par son « omnitude ». Une autre forme d'inconscient, dont nous avons tous l'expérience, relève de notre insertion dans une société vivante, dans une histoire en train de se faire : car nos actes (ou nos abstentions) y produisent des conséquences que fort souvent nous ignorons, ou y subissent de telles réfractions qu'il nous arrive de ne plus les reconnaître. Et cependant il faut agir, apprendre à relativiser cet incontrôlable, à le contrôler plus ou moins : problème d'intégration de notre dimension sociale. L'inconscient, on peut aussi le situer dans le fait que nous sommes « donnés » à nous-mêmes, que nous sommes déjà des êtres parlant quand nous tentons de nous dire, déjà des existants quand nous entreprenons d'exister : c'est-à-dire dans l'impossibilité où nous sommes de remonter à notre propre origine. L'inconscient, ce pourrait être encore le fait même de notre structure temporelle : notre impuissance à nous situer non pas seulement dans la réalité de notre avenir, mais dans la réalité de notre passé ; car celui-ci n'est jamais que ce qu'en fait notre regard aujourd'hui, à la lumière de nos projets pour demain. Et comment ne pas tenir pour inconsciente, aussi longtemps qu'on ne nous a pas aidé à en prendre conscience, notre propre implication dans certains phénomènes où nous croyons sincèrement n'être pour rien (« *il m'a mis* en colère », « l'embarras de ce malheureux *était comique* », « ce spectacle *m'a scandalisé* », etc.) ? Une certaine réflexion phénoménologique exercerait efficacement, à cet égard, une fonction éclairante et libératrice. Mais nous revoici, pour le coup, bien près du champ d'application officiellement reconnu comme étant celui de l'Inconscient psychanalytique.

Et là je voudrais seulement désigner l'importance (à mes yeux) de deux ou trois points de vue.

1. S'agissant d'expériences concrètes qui ont été refoulées, sans doute ne pourraient-elles ni exercer quelque pression sur le psychisme conscient, ni être réveillées par des événements actuels, ni s'offrir à une approche psychanalytique, si elles ne consistaient pas en des sortes de souvenirs-amalgames, où des *images* et des *mots* ont été étroitement liés, dans une circonstance donnée, à la faveur d'un *très puissant affect :* de sorte qu'il suffit que l'un de ces éléments soit réactivé pour que l'ensemble le soit.

2. Mais il me paraît tout aussi important d'insister sur d'autres formations inconscientes, qui seraient plutôt dues à un déficit de l'intégration psychique et qu'on pourrait en somme se représenter comme des « grumeaux » de psychisme non intégré.

3. Un pas de plus et l'on ferait référence à une situation tout à fait archaïque, du type de celles que Winnicott désigne par le « vide primaire » et qu'il rattache à une « faillite de l'environnement ». Ainsi a-t-on pu parler, à sa suite, d'un « vide blanc », dû à tout ce qui n'a pu, très tôt, « être pleinement vécu et intégré » : « une zone de l'inconscient que j'appellerai les limbes psychiques [1] ».

Ces quelques aperçus ne sont évidemment pas les seuls que je tienne pour valables. En les prenant ici pour exemples, je voulais surtout attirer l'attention sur un point : quelle que soit l'histoire (et si argumentée soit-elle) qu'on se raconte sur la nature de l'Inconscient, sur son statut au sein du psychisme, elle n'aura strictement aucun sens, et ne pourra donc rien éclairer du tout, si l'on n'a pas pris soin d'y ménager la place du sujet : un minimum de jeu pour l'émergence du *je.*

Question corrélative : divers théoriciens considèrent le sujet comme fondamentalement *aliéné,* certains par et dans le corps, d'autres par et dans le langage, d'autres encore des deux façons à la fois. Pour moi, c'est un peu comme si l'on disait que les skis constituent un handicap pour le skieur : qu'ils en soient un pour quelqu'un qui fait son marché ou qui veut courir un 110 mètres haies, je l'entends bien, mais c'est d'un skieur qu'il

1. Cf. l'article de Marie-Thérèse Wimbee-Soubise, « Corps et fantasmes », *Journal des psychologues,* juin 1986.

s'agit ; ici, d'un sujet, dont on voit mal comment il pourrait être « aliéné » avant d'avoir été mis *en condition d'existence.* Personnellement, je serais plutôt enclin à me raconter qu'il y a comme une ébauche de sujet au niveau du psychisme primaire et qu'elle a tout à la fois besoin de s'incorporer et d'entrer dans l'univers du langage pour s'assurer d'elle-même : ce qui entraîne évidemment la constitution d'un *moi* – à partir duquel, par dépassement duquel, il lui faudra se faire effectivement sujet. L'aliénation n'est pas dans ce *moi,* elle est dans la confusion qui me fait dire « je » quand il ne s'agit que de « moi ». Le *moi,* le psychisme intégré, c'est en quelque sorte le goulet d'étranglement par où doit passer ce pré-sujet, ouvert, sans limitation, non encore individualisé, pour que puisse émerger le *je :* un sujet dont la fonction sera de se rouvrir vers les autres sujets, mais à partir cette fois d'une situation concrète, d'une prise effective sur la réalité.

Ainsi l'exercice de la fonction-sujet jouerait-il sur cet écart entre un « je » inconscient et un *je* qui se cherche, tente de s'assumer, parie sur lui-même et sur les autres dans sa relation aux autres. Autant dire que la fonction-sujet se travaille à longueur d'existence, et que l'essentiel de ce travail consiste en une sorte de dégraissage perpétuel du quasi-objet que tend sans cesse à devenir le *moi.* Au terme idéal de ce dégraissage, il n'y aurait plus qu'un pur sujet – d'autant plus ouvert sur les autres sujets qu'il serait en somme parvenu à se dépouiller de toute qualification particulière, à n'« être » que *n'importe qui :* à n'être personne... Mais nous l'avions déjà souligné : le pur sujet est un mythe originel, et une inaccessible limite. Le départ nous échappe, l'arrivée aussi. Mais la tension entre les deux, c'est une existence, une absolue exigence de sens jointe à une radicale acceptation du relatif, une liberté qui assume ses conditionnements, un désir qui se soutient de demeurer insatisfait : l'aventure humaine, tout entière fondée sur le pari éthique. Simple remarque annexe : on peut préférer les certitudes aux paris, mais c'est une préférence condamnée à demeurer abstraite. Si vous pensez pouvoir démontrer que nous ne sommes pas libres, votre démonstration s'en trouve elle-même annulée ; et vous n'avez même pas la ressource d'y substituer un pari, puisque vous le perdriez en vous octroyant la liberté de le faire.

Alors, l'Inconscient ? Eh bien, c'est une notion qui me convient parfaitement dès lors qu'elle le présente comme étant impliqué – et pas seulement de façon négative – dans la genèse de la fonction-sujet. Je n'irais peut-être pas jusqu'à parler, comme certains le font, d'un « sujet de l'Inconscient » (surtout lorsque c'est pour l'opposer radicalement au sujet qui dit « je ») ; mais j'accepte tout à fait l'idée d'un *« sujet » inconscient,* en tant que préfiguration archaïque de la fonction-sujet. Je me hasarderais même à préciser que cette préfiguration est à mes yeux plus particulièrement porteuse du goût de la liberté, le psychisme secondaire fournissant à la fonction-sujet l'ancrage et la consistance dont elle a par ailleurs besoin pour exercer cette liberté. Et il ne faudrait pas me pousser beaucoup pour me faire avouer que le caractère absolu de l'exigence morale a quelque chose à voir avec le « noyau psychotique »...

S'il y a plusieurs conceptions de l'Inconscient, il y a évidemment au moins autant de conceptions de la psychanalyse. Quand je lis (par exemple) : « La seule théorie dont la cohérence ait été prouvée au point de pouvoir obtenir un statut scientifique en psychiatrie reste à ma connaissance la théorie analytique (...) La psychanalyse m'apparaît comme le seul système qui restitue au malade sa position de sujet... », je suis fortement tenté de me dire que quelqu'un est en train de se moquer du monde (ou de faire preuve d'un exceptionnel aveuglement). Et puis je regarde la signature de l'article, et j'y reconnais quelqu'un non seulement que j'aime bien, mais que j'ai entendu exprimer, à diverses reprises et de façon très concrète, une conception de la psychiatrie entièrement fondée, en effet, sur la considération du malade en tant que sujet. Il me faut donc penser qu'il nous parle là de *sa* psychanalyse (et sans doute est-il alors fondé à considérer sa position comme « dictée par une éthique ») : mais ne risque-t-il pas de couvrir ainsi de son pavillon bien des marchandises de contrebande, en ayant l'air de nous parler de *la* psychanalyse ? Laquelle, d'ailleurs, dans sa remarquable diversité, ne saurait absolument pas prétendre à la « cohérence » théorique qu'il lui attribue – non plus bien sûr, qu'à un quelconque « statut scientifique [1] ».

Bon. J'ai bientôt fini de piétiner, avec mes gros sabots, d'aussi fragiles plates-bandes. L'intense travail de théorisation qui se développe actuellement dans le champ psychanalytique me passionne : de cela au moins j'espère avoir convaincu le lecteur de ces pages. Mais c'est vrai qu'il y a psychanalyse et psychanalyse, et qu'il ne suffit pas d'un label pour garantir qu'on n'a pas oublié le sujet quelque part. Et puis l'époque me semble assez rude : les psychopharmacologues et les comportementalistes ont plus ou moins le vent en poupe. De sorte que le moment est peut-être venu, pour tous ceux qui sont engagés dans un authentique questionnement, de se démarquer d'une certaine psychanalyse de type scolastique, où la re-citation des textes sacrés tient lieu de réflexion et où les affirmations de principe se substituent aux interrogations concrètes. Comme disait je ne sais plus qui : « La réponse est le malheur de la question. » Il m'arrive en tout cas de rêver que certains psychanalystes que je connais (directement ou par leurs écrits) consacrent quelques journées par an à une *recherche commune* entre tenants d'écoles différentes, qui prendraient le risque d'une confrontation et feraient l'effort d'une mise en cohérence de leurs éclairages respectifs...

*

J'ai pris la liberté de mettre en question la notion même de maladie mentale et de préciser mon propre regard sur le malade

1. Si j'ai tenu à souligner les énormes différences de conception de l'Inconscient chez les psychanalystes, c'est aussi parce qu'un certain nombre d'entre eux ont un peu trop tendance, quand on sollicite quelque précision sur les concepts qu'ils manipulent, à se replier sur une position qu'ils tiennent pour inexpugnable : l'essentiel, c'est la réalité de l'Inconscient (sous-entendu : que vous ne pouvez pas admettre vraiment puisque vous n'êtes pas analysé), et tout le reste en découle. Ce qui soulève au moins deux questions : *a)* Pourquoi les mêmes psychanalystes exhibent-ils si volontiers leur système conceptuel dans leurs écrits, si c'est pour le déclarer inquestionnable par un bon nombre de ceux qui les lisent ? *b)* Comment ne voient-ils pas que des prises de position différentes sur l'Inconscient ne sauraient donner lieu à une seule et même métapsychologie, et qu'elles risquent en outre d'impliquer des attitudes différentes vis-à-vis de la personne humaine ?

mental en tant que sujet ; je ne prendrai pas celle de me prononcer sur le soin psychiatrique proprement dit, qui ne peut évidemment qu'échapper à ma compétence. Il y aurait pourtant quelque hypocrisie de ma part à ne pas avouer qu'il m'en coûte de m'imposer cette abstention : la fréquentation intensive et durable des soignants ne peut laisser personne indemne. J'ai cessé d'être un pur profane, sans du tout devenir un praticien : j'ai « des idées », – comme on peut en avoir, sur la politique internationale, au Café du Commerce... Mieux vaut donc que je les taise. De toute façon, on y aurait sans doute aisément reconnu l'attitude fondamentale que tentent de définir tous les développements qui précèdent : celle qui me semble devoir commander et sous-tendre toute élaboration d'un diagnostic comme toute option thérapeutique particulière.

Je proposerai donc, sans plus tarder, une dernière séquence réflexive sur les problèmes que me semble poser toute théorisation, toute *recherche,* dans le champ psychiatrique.

2

Sur la nature du savoir psychiatrique et les problèmes de la recherche

Si le statut du malade mental (tout comme de n'importe quel être humain) est bien celui que j'ai tenté d'indiquer sous le terme de « sujet-objet », et si l'on se propose de le rencontrer en tant que sujet (au moins potentiel) plutôt que de l'étudier ou de le traiter en tant qu'objet, une question préliminaire apparaît aussitôt : « Est-il possible de concevoir une forme de *scientificité* qui tiendrait compte d'un tel statut et d'un tel projet ? »

Est généralement considérée comme scientifique toute entreprise de connaissance qui se veut *objective* et qui définit sa *méthode,* c'est-à-dire l'ensemble de ses procédures d'objectivation : un savoir ne peut prétendre à la scientificité que si la démarche selon laquelle un chercheur le constitue est partageable et reproductible par d'autres. Or cette exigence ne saurait être tenue pour suffisante que dans des domaines où les procédures d'objectivation ne portent pas atteinte à la nature même de l'« objet » concerné.

Prenons le cas d'un *objet matériel* : il est évidemment susceptible de diverses objectivations, selon les questions que se pose le chercheur à son propos. L'atteinte de l'objet en sera chaque fois relativisée, mais non pas faussée : elle sera sélective et partielle, mais sans trahir aucune totalité réelle. Ce bloc de métal, qu'on va peut-être pulvériser pour en étudier la structure fine à l'aide d'un microscope électronique, n'a de réalité globale que celle que nous lui attribuons provisoirement, et de l'extérieur, en le découpant dans l'ensemble du monde matériel. Cela n'est déjà plus vrai lorsqu'il s'agit d'un *« objet » organique;* qui ne vit qu'en se différenciant et qui est en quelque sorte totalisé, individué, par son fonctionnement même. Et si l'on considère non plus seulement une bactérie ou une cellule mais l'ensemble d'un organisme vivant, on a cette fois affaire à une complexité globale qui dispose en tant que telle d'une certaine autonomie : de sorte que ses propriétés les plus essentielles échapperaient aux chercheurs s'ils se bornaient à l'étude de tel ou tel de ses niveaux d'organisation. Autrement dit, on ne peut pas objectiver un « objet » organique sans tenir compte du fait que sa totalité réelle, son individuation, ne saurait se retrouver dans aucun de ses aspects considérés séparément (et encore moins, bien entendu, dans aucun des fragments qu'on aurait prélevés sur lui...).

Je résumerai ces quelques remarques en disant que l'objet matériel n'a rien à objecter aux méthodes d'objectivation qui lui sont appliquées, mais que l'« objet » organique exige d'être abordé comme une totalité concrète, quelle que soit par ailleurs l'analyse qu'on peut faire des différents niveaux de fonctionnement qui contribuent à son fonctionnement global. Avec l'*« objet » humain,* il va falloir faire un pas de plus, en constatant d'une part qu'il est concrètement totalisé, en tant qu'objet organique, et d'autre part qu'*il se totalise lui-même,* dans la mesure où il tend à se faire sujet en relation avec d'autres sujets. Ainsi objecte-t-il, au titre de sujet potentiel, à toute tentative d'objectivation : car il exige d'être abordé comme une entreprise de totalisation et d'autonomisation de soi, c'est-à-dire de *négation de soi en tant qu'objet.*

Bien entendu, ce n'est pas toujours le cas : le malade mental est quelqu'un qui n'est pas actuellement capable de soutenir, seul, cette exigence. Mais précisément il s'agit de l'exigence humaine par excellence, celle que tout humain doit être aidé à retrouver en lui-même – par d'autres humains qui auront parié sur elle, sur sa présence potentielle en lui. Et sans doute ne suffit-il pas de se dire qu'il y a des soignants pour s'occuper de ça : la « non-assistance à personne en danger » concerne chacun d'entre nous, et l'un des pires dangers que puisse courir une personne humaine n'est-il pas, précisément, de ne plus parvenir à s'assumer en tant que personne ?

Parce qu'en fait tout le problème est là : en apparaissant comme un quasi-objet, en étant parfois incapable d'objecter par lui-même à son éventuelle objectivation, le « malade mental » risque de fournir un semblant de justification à une conception « scientifique » de la psychiatrie. Tout se passe (du moins aux yeux de quiconque souhaite s'en persuader) comme si un homme, au nom de cette prétendue science, était fondé à ne plus voir dans un autre homme que les manifestations objectivables de ses difficultés psychiques. Je le redirai donc : c'est d'un *pari* qu'il s'agit, sur le sens, sur la fonction-sujet : pari d'où procèdent aussi la qualité d'un *regard* et celle d'une *écoute.* Car nous ne voyons et n'entendons jamais, en fin de compte, que ce que nous n'avons pas choisi d'ignorer.

*

Ainsi l'*objectivité* consiste-t-elle avant tout à tenir compte de la nature de l'objet, de son statut, de son mode d'être... ou d'existence. Et la première conclusion qu'on en peut tirer, c'est que la valeur scientifique d'un savoir ne saurait être garantie par la seule rigueur de ses méthodes. Il est d'ailleurs vraisemblable qu'un certain nombre de réductionnistes conviendraient avec nous que la scientificité ne se décrète pas au niveau de la *méthodologie.* Mais ce sera alors pour situer la décision au niveau de l'*épistémologie,* en tant qu'examen critique de la validité interne d'une science : c'est-à-dire en tant que mise en question de ses postulats ou de ses concepts fondamentaux. A titre d'exemples, la réflexion engagée ou ébauchée par certains biologistes à propos de l'utilisation, dans leur domaine, des notions de finalité, de déterminisme causal, de hasard, ou à propos du recours au modèle cybernétique pour rendre compte du fonctionnement du système nerveux central.

Or il est clair que ces différents problèmes ne sont ainsi posés que de l'intérieur même de la biologie, et le plus souvent d'une des branches de la biologie, cette discipline (ou sous-discipline) étant *a priori* considérée comme scientifique. De sorte que, là encore, si rigoureuse que puisse devenir la critique épistémologique, elle ne nous fournira jamais aucune garantie quant aux possibilités d'application de la science biologique à l'« objet » de la pratique et du savoir psychiatriques, c'est-à-dire à la personne humaine. Et ce qui précisément le lui interdit, c'est son exigence même de scientificité. Il y a là un fossé, que Jacques Hochmann n'hésite pas à désigner, pour le moment, comme infranchissable : « La neurobiologie, aujourd'hui comme hier, ne sait que faire du concept de sujet. La psychiatrie, par contre, est une médecine des altérations et des avatars de la subjectivité. D'où l'impossibilité actuelle de leur rencontre [1]. »

*

Si les sciences de la vie sont nécessairement conduites à ignorer la fonction-sujet, il semblerait que les *sciences humaines* aient au contraire pour vocation d'aborder l'homme en tant qu'homme, dans sa spécificité – et, par exemple, en tenant compte du fait qu'il est l'auteur de toute science possible. J'ai dénoncé ailleurs cette illusion [2]. En bref, je dirai ici que les « sciences humaines » sont scientifiques dans l'exacte mesure où l'homme n'y figure qu'au titre d'objet. Objet privilégié sans doute, auquel on accorde volontiers quelques attributs spécifiques – à l'exception, précisément, de la fonction-sujet.

Mais il ne me paraît pas fatal que l'étude des phénomènes humains s'aliène dans cette prétention à la scientificité. Certains de ceux qui s'y consacrent, et non des moindres, ont déjà pris leurs distances à cet égard. Sous des formes et selon des perspectives d'ailleurs fort diverses. Je pense notamment à quelques sociologues qui se sont depuis longtemps orientés vers la « recherche-action », et qui se refusent à enquêter sur des groupes humains sans associer à leur enquête les personnes mêmes qui composent ces groupes. Je pense à un bon nombre de psychologues qui n'ont pas hésité à se compliquer l'existence en jetant par-dessus bord toutes les méthodes objectivantes qui consti-

1. *Pour soigner l'enfant psychotique, op. cit.*, p. 59.
2. *Éloge de la psychiatrie*, Paris, Éd. du Seuil, 1979, p. 145-165.

tuaient la base, et souvent l'essentiel, de leur formation. Je retrouve aussi ces quelques formulations de Lacan : « Il n'y a pas de science de l'homme, parce que l'homme de la science n'existe pas, mais seulement son sujet. – On sait ma répugnance de toujours pour l'appellation de sciences humaines, qui me semble être l'appel même de la servitude... [1]. » Et j'observe que les sciences économiques, à première vue plus en rapport avec des réalités « objectives », n'échappent pas à ce mouvement de remise en question :

> Nous croyons à l'organisation économique du monde parce que cette croyance nous traite comme des animaux (...) L'économie – comme science, comme croyance – et les autres sciences sociales (...) sont des sciences inhumaines (...) Les sciences sociales ne peuvent vraiment se construire (...) que dans la mesure où elles peuvent mettre de côté ce qui est spécifiquement humain (...) Toutes les théories sociales opératoires, toutes les organisations traitent les individus comme des sujets de besoin. Or tout le monde sait, et il n'est pas besoin d'être philosophe ou psychanalyste pour le savoir, que l'homme n'est pas que sujet de besoin, mais un sujet de désir qui l'enchaîne dans un rapport à l'autre (ou à l'Autre), et que ce désir, à la différence des besoins, ne peut être satisfait [2].

Et cetera...

A l'évidence, les sciences humaines connaissent aujourd'hui une crise profonde. Et toute crise peut être bénéfique, à la condition toutefois qu'on ne prétende pas s'en tirer en trichant avec elle, en éludant ou en déguisant la question qu'elle pose [3].

1. *Écrits*, Paris, Éd. du Seuil, 1966, p. 859.
2. Marc Guillaume, économiste de formation, enseigne à l'École polytechnique et à l'université de Paris-Dauphine (interview dans *le Monde*, 22-23 avril 1984). Cf. aussi l'article de Serge-Christophe Kolm, in *le Monde*, 18 mai 1985.
3. Lévi-Strauss, par exemple, commence par déclarer : « Je ne crois pas que nos dites " sciences " humaines ou sociales soient des sciences. Le prétendre serait une imposture. » Mais il cède à l'idéologie structuraliste en ajoutant aussitôt : « C'est pourquoi la réflexion scientifique, telle qu'elle se manifeste dans toute sa grandeur – dans la biologie ou dans la physique –, me sert de phare. Je la regarde, je prends la mesure de mon infinie maladresse, malheureux spécialiste de prétendues sciences humaines, et je me dis qu'il faudra tendre vers elle autant

Or il semble bien que ces disciplines soient désormais ouvertement interrogées sur leur inaptitude à tenir compte des êtres humains en tant que *producteurs de sens* : c'est-à-dire, notamment, en tant que *relativement libres* et *relativement imprévisibles.* Inaptitude bien compréhensible, puisque leur souci de scientificité les a conduites à ne retenir du couple « sujet-objet » (qui n'*est* pas objet et qui a à *se faire* sujet) qu'un simple objet d'étude. Inaptitude longtemps dissimulée, cependant, grâce à une inconsciente mystification qui consistait à donner sens, de l'extérieur et après coup, à des comportements préalablement séparés de leurs auteurs *et donc privés de leur sens propre.* On interrogeait certes les individus, on les faisait parler, mais selon des schémas préétablis, et leurs réponses recevaient telle ou telle signification par la vertu d'un protocole nécessairement ignoré de ceux-là mêmes qui les avaient fournies. Ainsi les résultats d'un questionnaire, d'un entretien ou d'une enquête étaient-ils considérés comme d'autant plus « significatifs » qu'ils étaient davantage objectifs, les personnes concernées ne pouvant que fausser la recherche si elles devenaient conscientes du but poursuivi et des méthodes employées, c'est-à-dire si elles risquaient de devenir parties prenantes de cette recherche...

C'est ainsi qu'on a pu longtemps considérer, à la suite des chercheurs eux-mêmes, que tous les phénomènes (paroles prononcées par un sujet ou pratiques sociales au sein d'un groupe)

---

que l'on pourra, tout en étant sûr qu'on ne la rejoindra jamais. » Autrement dit : la scientificité est inaccessible en pareil domaine (en raison de difficultés spécifiques ?), mais la prétention à la scientificité demeure entièrement fondée.

Un autre exemple de ce détournement du problème central est fourni par un passage de l'article « Épistémologie » dans l'*Encyclopædia Universalis.* Je résume : les sciences de l'homme prennent pour objet des faits qui ont un sens, qui sont des signes ; or un comportement humain cesse d'être humain si on le détache de sa « fonction signifiante » ; la tâche d'une épistémologie des sciences de l'homme sera donc de constituer des modèles abstraits, qui permettent de « former des *objets* (...) à partir de *significations* ». D'où l'appel à la linguistique, en tant que réflexion sur tous les « systèmes de signes ». Le tour de passe-passe est flagrant : on escamote le signe en tant qu'il renvoie à la *fonction signifiante* (fonction-sujet), pour ne plus tenir compte que d'un *signe-objet,* d'une signification. C'est ainsi qu'il est devenu classique de substituer purement et simplement le *langage* en tant que système à la *parole,* dont ce système a pourtant bien besoin pour fonctionner et prendre sens.

qui n'entraient pas dans les grilles ou les cadres d'objectivation prévus pouvaient être rejetés comme... insignifiants : ce n'étaient en somme que d'accidentelles bavures, dont il convenait de ne pas tenir compte afin de sauvegarder la netteté des conclusions, la parfaite lisibilité du tableau final. C'est ainsi qu'ont pu être établies des quantités de « lois », psychologiques ou sociologiques, qui n'ont jamais servi à personne [1] parce qu'elles ne concernaient aucun psychisme réel, aucune société réelle, mais seulement le mode de fonctionnement quasi mécanique d'un individu ou d'un groupe quand on le place dans des conditions artificielles et qu'on se garde de faire appel à son propre pouvoir de donner sens, à sa propre praxis. Et c'est ainsi, enfin, que des enfants ont pu, peuvent encore, être orientés sur des voies de garage par la seule vertu de tests qui auraient fait les délices de Molière ; ou que les phénomènes réels, les ferments qui travaillent notre société et la font évoluer continuent de nous être plus ou moins dissimulés par la mise en relief de processus « objectifs », qui ne définissent plus que l'« être » de cette société, ses conditionnements, son passé, déjà, sa part d'inertie.

*

Ce qui préserve la psychiatrie de sombrer tout à fait dans l'illusion objectiviste, c'est qu'elle est d'abord une *praxis* – aux prises avec une souffrance globalement vécue, éprouvée par une personne en tant que totalité concrète.

S'il nous apparaît maintenant que cette praxis n'est pas sous-tendue par une science, qu'elle ne peut se réclamer d'aucune scientificité qui lui soit propre, du moins devons-nous en attendre une certaine *efficacité* : ce qui suppose qu'elle puisse exercer un minimum de contrôle sur ses propres démarches. Notre question initiale devient donc : « A quelle *exigence de rigueur* l'exercice d'une psychiatrie du sujet doit-il satisfaire ? »

S'il n'est pas vain de tenter de répondre à cette nouvelle

1. Si, quand même : à des professeurs, pour les enseigner à des étudiants qui deviendront à leur tour professeurs. Ou à des hommes politiques, qui s'en servent pour justifier les mesures qu'ils auraient de toute façon choisi de prendre...

question, il me semble qu'on devra le faire à deux niveaux différents : celui d'une *attitude* et celui d'un *savoir* – entre lesquels il conviendra de maintenir un rapport dialectique, leur relative antinomie ne devant pas masquer leur nécessaire complémentarité.

L'attitude, j'en ai déjà beaucoup parlé. Je la dirai *philosophique*, pour la différencier de toute idéologie réductionniste, de toute prétention explicative. Je la dirai *éthique*, bien que les deux définitions n'en soient qu'une à mes yeux : mais ce sera pour insister sur l'engagement dans une relation de sujet à sujet, sur le pari qui sous-tend cet engagement.

Le savoir, j'en ai parlé aussi : j'y reviens tout de même une dernière fois, dans l'espoir que le mirage de la scientificité ne risquera plus d'en parasiter la notion. Ce qui va d'ailleurs m'amener très vite à préciser le lien entre rigueur du savoir et rigueur de l'attitude. Dire que la psychiatrie s'adresse à la personne en tant que totalité concrète, c'est dire qu'elle s'adresse à une réalité complexe, qui s'est progressivement constituée selon trois dimensions fondamentales. Ces dimensions ne sont pas instituées de l'extérieur, par quelque artifice de méthode : l'émergence du psychisme est une réalité ; l'intégration de la dimension corporelle et de la dimension sociale fait de chacune d'elles une réalité à double face, notre corps et notre environnement humain subissant une effective psychisation tout en demeurant pour nous des objets extérieurs. Or c'est précisément cette complexité – cette inscription de chaque événement de notre vie sur des registres différents – qui oblige une psychiatrie du sujet à s'interroger à la fois sur la façon dont le sujet se situe dans le monde et sur la réalité du monde dans lequel il se situe. D'où la nécessité de faire appel à différents éclairages sur cette réalité, sans pour autant confondre un désarroi psychique avec le simple effet d'un dérèglement organique et/ou d'une condition sociale objectivement défavorable.

Dans la mesure où tout sujet potentiel « est » aussi un quasi-objet, les diverses disciplines qui se veulent scientifiques devraient en effet pouvoir fournir d'intéressantes indications sur la personne concernée. Et sans doute faudra-t-il avant tout veiller à maintenir chacune de ces indications à sa place, à ne pas lui faire dire plus qu'elle ne peut. Mais il ne suffira pas, ici, de tenir compte de son caractère partiel, car l'illusion objectiviste pourrait fort bien renaître sous le couvert de cette unique précaution : elle consisterait à prétendre recomposer la totalité concrète de la personne en procédant à une synthèse de ces différents éclairages.

On ne connaît d'ailleurs pas de discipline générale qui permette d'intégrer théoriquement un ensemble d'éclairages théoriques relevant d'une diversité de disciplines particulières. Mais, à supposer même qu'une telle métadiscipline soit concevable, elle en dirait sans doute beaucoup trop *sur* quelqu'un, au prix de ne rien donner à entendre *de* lui. Il ne s'agit pas de combiner, de l'extérieur et de façon plus ou moins arbitraire, une multiplicité de données objectives hétérogènes : il s'agit de comprendre le mouvement subjectif de totalisation (dans ses réussites comme dans ses échecs) selon lequel *cette existence singulière* se déploie et se temporalise, tout en déployant autour d'elle *un certain monde*, qui est le sien et celui de personne d'autre.

Autrement dit, l'analyse d'une situation humaine selon ses différentes dimensions ne peut prendre sens que si l'on maintient, à tous les moments de la procédure, la référence à la *totalité concrète* de la personne. Ou plutôt à ce *mouvement de totalisation* par quoi se spécifie, tant bien que mal, toute existence humaine : car la « totalité » dont il s'agit est toujours en suspens, toujours remise en question, jamais pleinement réalisée et parfois gravement compromise. Quels que soient les éléments objectifs dont vous disposez (une origine petite-bourgeoise, une mère alcoolique, une déconvenue amoureuse à dix-huit ans et demi, un épisode homosexuel au cours du service militaire, une vocation de dentiste contrariée, quelques irrécusables symptômes de schizophrénie à partir de vingt-cinq ans, etc.), vous ne tirerez rien de leur conjugaison aussi longtemps qu'il ne vous aura pas été possible de saisir – avec le sujet lui-même – la façon dont il les a lui-même intégrés et dialectisés, le sens qu'il leur a lui-même donné en les vivant.

Ainsi le diagnostic devra-t-il se faire de plus en plus réellement *dialoguant ;* ainsi la praxis thérapeutique devra-t-elle tendre à restituer au sujet en désarroi son pouvoir de donner sens, de maîtriser sa propre complexité, de se re-composer, de ré-entreprendre sa propre totalisation, – afin qu'il puisse de nouveau négocier son existence, jour après jour, dans sa relation aux autres et compte tenu de ses contraintes propres.

Mais enfin nous nous demandions quelles possibilités avait la psychiatrie de contrôler ses propres démarches, de constituer un *savoir.* Or que serait un savoir qui ne prétendrait à aucune forme d'*objectivité ?* Adaptant ici la formule de Bachelard à notre problème spécifique, j'en proposerai cette version : *l'objectivité n'est pas dans l'« objet », elle est dans la façon dont on l'interroge.*

On concédera, bien entendu, qu'un minimum d'objectivation est fréquemment nécessaire, dans un premier temps de la rencontre avec le « malade mental ». A cet égard, il existe un savoir d'origine clinique, qui s'est constitué et sans cesse remodelé au cours du temps, qui a donné lieu à des théorisations fort diverses – mais qui fournit en tout cas un assez précieux ensemble de points de repère, dont tout soignant devrait avoir assimilé l'essentiel. A condition, toutefois, qu'il l'utilise comme un guide dans ses premières approches du malade, et non comme une justification théorique permettant de lui assigner telle ou telle « maladie ».

Après quoi, il va bien falloir en venir à situer l'objectivité la plus fondamentale – la seule qui puisse rendre compatibles la rigueur du savoir et la rigueur de l'attitude – au niveau de l'interrogation adressée au malade : c'est-à-dire *au niveau de la subjectivité des soignants.*

Je n'irai pas, désormais, beaucoup plus loin : la suite, en effet, va de soi. Nécessité, pour chacun, d'*interroger sa propre subjectivité ;* de se dépouiller autant que possible de son *moi* au profit de sa fonction-sujet, afin de pouvoir mieux susciter ou ressusciter celle de l'interlocuteur ; de renoncer à l'ambition de tout comprendre (et bien plus encore à celle de tout expliquer) ; de désirer entendre la parole de l'autre plutôt que d'exprimer à sa place son prétendu désir. Nécessité, par conséquent, d'un *véritable travail en équipe,* où chacune des subjectivités soignantes puisse bénéficier d'une sorte d'autocontrôle dans sa relation aux autres. Nécessité, pour tous, d'en finir avec l'illusion de la toute-puissance (et sa contrepartie d'échec absolu), en prenant *conscience de la relativité* de toute action thérapeutique, du rôle positif et négatif qu'il convient de reconnaître au « hasard » (c'est-à-dire à tous les facteurs qui échappent au contrôle des soignants), sans pour autant verser dans un relativisme démissionnaire. Nécessité, enfin, de fournir à tout soignant la possibilité d'un *apprentissage du dialogue* (savoir écouter l'autre, savoir aussi l'aider à s'exprimer) *et de la dialectique* (mise en rapport des différents points de vue). Nécessité, enfin, de l'aider à se constituer en permanence, par-delà tout savoir préexistant, *une problématique.*

Si ce dernier point me semble capital, c'est que le mot *savoir* est avant tout pour moi un verbe actif, c'est qu'il désigne *une recherche :* le refus de laisser les solutions occulter les problèmes ; le constant souci de fournir à l'« objet » de nouvelles occasions de se dire, avant de se résoudre à dire sur lui quoi que ce soit. D'où procède évidemment une certaine conception de l'objectivité, qui fait d'elle une perpétuelle visée intersubjective et non quelque objectif tôt ou tard accessible : la validité de tout discours de l'homme sur l'homme reste indéfiniment suspendue à l'adhésion de tout homme concerné (soignant aussi bien que soigné, dans le cas qui nous occupe).

On me dira que j'en parle à mon aise, n'étant moi-même ni soignant ni, présentement, soigné : il me semble malgré tout que cette mise en suspens, cette mise en jeu de la vérité parmi nous, à hauteur d'homme, au fil de nos pratiques, vaut bien telle ou telle de ces certitudes qui de temps à autre nous tombent de haut :

> A l'avenir, je pense que la Médecine continuera de progresser, permettant la suppression progressive de la psychiatrie et surtout d'une certaine psychanalyse qui coûte si cher. Beaucoup de maladies que nous croyons purement fonctionnelles, purement psychiques, sont liées à des troubles organiques que nous découvrons peu à peu. Depuis que j'ai

commencé ma médecine, j'ai vu retirer à la psychiatrie un grand nombre de troubles dont nous n'avions pas compris la nature organique, car nous ne savions pas doser les ions sanguins. D'une femme constipée, on disait qu'elle était hystérique. Il suffisait de lui donner du potassium et son hystérie disparaissait [1].

*

La rigueur que la psychiatrie doit s'imposer n'a rien de commun avec la soumission à quelque impérialisme réductionniste, avec l'idéologique invocation d'une Objectivité sécurisante. Sans doute sommes-nous d'ailleurs enclins à exiger davantage de nous-mêmes, dans quelque activité collective que ce soit, lorsque nous pouvons penser que les jeux ne sont pas déjà faits, que le chemin reste à inventer ensemble, jour après jour, et qu'ainsi la valeur de cette activité continue de dépendre, dans une large mesure, du sens que chacun d'entre nous contribue à lui donner.

Reste qu'une praxis, quelle que soit sa forme de rigueur, doit aussi s'interroger sur son *efficacité.* Or il semble bien qu'assez peu d'équipes soignantes se soient jusqu'ici donné les moyens d'évaluer leur propre travail, et de fournir du même coup aux instances gestionnaires un instrument d'évaluation qui tienne compte de la spécificité de ce travail. Cela s'explique sans doute de bien des façons, mais il faut en tout cas convenir de la difficulté du problème, puisqu'il consiste à traduire sous forme de résultats définis et comparables la complexe évolution d'un ensemble de situations concrètes fort différentes les unes des autres. Il s'agit en somme d'objectiver du sens et, jusqu'à un certain point, de quantifier du qualitatif... Mais, en se donnant la peine d'affronter cette difficulté et de proposer eux-mêmes des critères relativement pertinents, sans doute les soignants éviteraient-ils de s'en voir imposer d'autres, qui risquent de l'être beaucoup moins. D'où la nécessité d'une réflexion, engagée d'abord

1. Professeur Paul Milliez, dans une conférence au deuxième Colloque international de psychogériatrie, in *Psychologie médicale,* juin 1985.

au sein de l'équipe soignante, puis dès que possible confrontée avec les contraintes auxquelles se trouve elle-même soumise l'instance gestionnaire.

Il importe en tout cas de souligner d'emblée que cette réflexion et cette confrontation doivent porter non sur des catégories abstraites, définies *a priori,* mais sur les démarches concrètes effectuées par l'équipe, dans le contexte du secteur concerné, et *en fonction d'une politique clairement explicitée.* Toute prétendue évaluation d'une activité non finalisée, ne comportant ni orientation globale ni désignation d'objectifs prioritaires, est vouée à demeurer parfaitement *in-signifiante.* Si vous ne savez pas (ou ne dites pas) ce que vous voulez obtenir, comment apprécierez-vous (comment pourra-t-on apprécier) ce que vous avez obtenu ? Une équipe qui s'efforce d'être présente au sein d'une population, de la « mettre dans le coup » et de l'aider de proche en proche à se responsabiliser, en demeurant à son écoute et en saisissant chaque occasion d'engager le dialogue avec ses différents éléments, aura sans doute moins d'« actes » à comptabiliser que telle autre équipe d'un secteur voisin, qui préfère, selon une attitude plus technocratique, prendre seule en charge les personnes en difficulté. Or cette différence quantitative pourra donner lieu à deux jugements de sens inverse, selon qu'on tiendra compte ou non de l'orientation adoptée dans le premier cas et du temps nécessaire pour qu'elle puisse porter ses fruits ; lesquels ont pourtant les plus grandes chances, à moyen terme, d'être à tous égards plus satisfaisants que dans le second cas.

L'exigence ici formulée pose évidemment un double problème. Aux instances gestionnaires, d'une part, puisqu'elle impose de ne demander des comptes aux équipes soignantes qu'en fonction de la politique déclarée par chacune d'elles : d'où la difficulté de rassembler les résultats sous une forme suffisamment homogène pour permettre leur comparaison au plan départemental ou au plan national. Et d'autre part aux équipes soignantes elles-mêmes, dans la mesure où un grand nombre d'entre elles fonctionnent encore sans avoir élaboré une quelconque politique. Mais c'est bien à ce double titre qu'une telle exigence apparaîtrait le plus bénéfique : en permettant d'établir des différences significatives entre les multiples façons qu'a la psychiatrie publique de concevoir sa mission (et d'utiliser les moyens qui lui sont fournis par la collectivité). Bien entendu, la prise de conscience et le repérage précis de ces différences ne devraient en aucun cas donner lieu, par contrecoup, à la définition d'un modèle unique sur lequel chaque équipe soignante devrait calquer son fonctionnement : sans une certaine marge de liberté, aucune novation, aucune évolution ne serait possible, dans un domaine où il est particulièrement nécessaire de favoriser l'esprit d'ouverture et l'inventivité. Mais l'écart me semble encore excessif entre l'*incohérence globale* de la situation présente, à la faveur de laquelle les attitudes les plus irresponsables côtoient sereinement un certain nombre de démarches créatrices, et l'*indispensable droit à la différence*, sans lequel ces dernières ne pourraient se produire.

*

Différentes voix s'élèvent, de temps à autre, pour déplorer le peu d'importance accordé à la recherche dans le champ psychiatrique. Il y a là, c'est certain, de quoi nourrir de vives inquiétudes ; encore convient-il de s'interroger sur les formes de recherche dont la psychiatrie, aujourd'hui, a réellement besoin.

L'une de ces formes, essentielle à mes yeux et proprement vitale, consiste dans la réflexion des soignants sur leur propre pratique : cet effort de théorisation demeure en effet globalement insuffisant, dans la mesure même où il implique l'existence de véritables *équipes soignantes* – rassemblées sur une conception commune, non réductionniste, de la souffrance psychique et du soin psychiatrique. Mais j'ai parfois le sentiment, à lire certains articles, qu'on substituerait volontiers à ce travail *sur le terrain* une recherche de plus haut niveau, plus radicalement théorique : délestée, en quelque sorte, du poids des démarches concrètes, libérée des contingences de la rencontre avec les principaux intéressés. Or le risque est ici de court-circuiter tout à la fois, au profit d'une « recherche pour la recherche », la réflexion en prise directe sur la pratique et une forme de *recherche au second degré* – que cette réflexion appelle sans doute, mais en ne cessant pas d'en constituer l'aliment essentiel et l'indispensable ancrage.

Ainsi verrait-on se reproduire au plan du savoir l'aberration selon laquelle, au niveau même de la pratique, une institution perd de vue sa finalité originelle pour ne plus s'employer qu'à sa propre perpétuation. Et tel est bien le mal dont souffre plus ou moins toute institutionnalisation de la recherche, en quelque domaine que ce soit. Dans les disciplines réellement scientifiques, une certaine division du travail est sans doute nécessaire : d'où l'existence, tout de même regrettable, d'un bon nombre de chercheurs qui n'enseignent pas et d'une énorme quantité d'enseignants qui ne participent à aucune recherche. Transposée dans le champ psychiatrique, une telle division du travail serait cette fois catastrophique, car elle ne tarderait guère à creuser un fossé entre des praticiens tâcherons et des chercheurs professionnels coupés de toute pratique soignante.

Quant à cette recherche « au second degré » que j'évoquais plus haut, il me semble qu'on devrait plutôt la concevoir comme l'élaboration progressive d'une *problématique,* par la mise en commun des réflexions déjà engagées au sein de diverses équipes soignantes : ainsi pourraient se préciser certaines interrogations et se confirmer l'intérêt de tel ou tel éclairage, de tel ou tel mode de fonctionnement. Les équipes concernées en feraient déjà profiter leurs démarches respectives, cependant que des rencontres périodiques entre leurs représentants donneraient lieu, sur ces différents points, à l'acquisition d'une *information plus ouverte* et à la poursuite d'une *réflexion approfondie,* lesquelles seraient systématiquement répercutées à tous les soignants n'ayant pas participé à ces rencontres. Cette forme de recherche nécessiterait évidemment une aide budgétaire (pour permettre certains déplacements, ainsi que l'éventuel recours à des intervenants extérieurs et l'indispensable diffusion des comptes rendus de travaux dans un bulletin inter-équipes). Mais cela reviendrait sûrement moins cher, et serait sans doute beaucoup plus efficace, qu'un certain nombre de congrès-spectacles, de « colloques » sans le moindre dialogue, ou l'établissement de savantes statistiques sur des effets thérapeutiques isolés du contexte, ou la perpétuelle relance de travaux de laboratoire associant les plus rigoureuses quantifications physico-chimiques à l'incernable complexité d'une souffrance psychique...

Une difficulté m'apparaît toutefois, qu'il importe de signaler, car il se pourrait bien qu'elle suffise, ici et là, à décourager les meilleures volontés. Il n'est déjà pas si simple de parvenir à travailler en équipe à l'échelle d'un secteur : entre deux ou plusieurs équipes différentes (ou simplement entre leurs représentants), la rencontre n'est pas d'emblée assurée de déboucher sur un dialogue fructueux, sur une véritable réflexion en commun. Des malentendus de tous ordres peuvent se produire, dont le repérage échappe souvent aux participants eux-mêmes. D'où l'intérêt, constaté au cours de nombreuses expériences analogues, d'introduire dans le groupe une personne étrangère, une sorte de Candide, à qui il est seulement demandé de veiller à la cohérence du débat et de favoriser les échanges entre les participants, en les aidant à acquérir peu à peu un langage commun.

Compte tenu de la multiplicité des éclairages auxquels la psychiatrie peut éprouver le besoin de recourir, ceux qui se préoccupent de leur articulation parlent volontiers de pluridisciplinarité ou d'interdisciplinarité, ou encore, dans les meilleurs cas, de *transdisciplinarité.* J'ai déjà exprimé ailleurs ma préférence pour ce dernier terme, qui marque assez bien le nécessaire dépassement de chacun des éclairages dans l'effort de compréhension globale d'une situation humaine concrète. Et j'ai insisté, ici même, sur le fait que cet effort de compréhension concerne une personne, un sujet potentiel, et que sa validité dépend de la mesure dans laquelle il aide cette personne à *se comprendre,* à *se* rassembler, à *se* recomposer. Si je reviens une dernière fois sur ce thème, c'est qu'il m'a semblé percevoir dans certaines références à la transdisciplinarité la persistance d'un rêve de scientificité. Le raisonnement serait en somme le suivant : si l'on parvenait à articuler correctement les différentes disciplines pour en tirer une sorte d'éclairage synthétique, la scientificité même de cet éclairage serait garantie par leurs scientificités respectives.

C'est pourquoi j'éprouve le besoin de redire qu'on ne reconstitue pas une fonction-sujet en combinant une pluralité de réductionnismes objectivants. Il n'y a pas, il ne peut pas y avoir, de transdisciplinarité théorique : le préfixe « trans » ne signifie pas le dépassement des disciplines concernées vers une discipline unique qui les totaliserait. Il ne peut y avoir qu'un mouvement de transdisciplinarisation, entièrement sous-tendu par le souci pratique de faire converger un certain nombre d'éclairages sur une réalité humaine – laquelle constituera, en fin de compte, l'unique garant de cette convergence.

Il ne s'agit donc pas de totaliser des disciplines dans une sorte de métadiscipline, mais de mettre en rapport leurs éclairages respectifs sur une situation donnée. Ce qui revient à *mettre en commun,* en abordant cette situation, *une diversité de problématiques.* Sur chacune des dimensions auxquelles la psychiatrie s'intéresse, telle ou telle discipline peut offrir son questionnement propre ; mais les questions qu'elle aide les soignants à se poser n'ont d'intérêt que dans la mesure où elles pourront prendre sens pour le sujet lui-même, selon son propre mouvement de totalisation. Ainsi pourrait-on parler de *transdimensionnalité,* pour tenir compte de l'opération subjective que les soignants doivent postuler puis susciter chez le « patient », et sans laquelle l'approche transdisciplinaire elle-même demeurerait plus ou moins objectivante.

Deux remarques encore.

1. La recherche ne saurait se limiter aux problèmes d'ordre diagnostique ou thérapeutique. Tous les aspects du fonctionnement de la psychiatrie publique sont évidemment de son ressort : formation de base et formation continue des soignants de toutes catégories, politiques de sectorisation, etc. ; sans oublier, bien entendu, la question que nous nous posions précédemment sur les critères d'évaluation des différents types d'action thérapeutique.

2. Il importe que, le plus rapidement possible, les équipes soignantes engagées dans une recherche se préoccupent d'y associer (sous des formes et à des degrés variables selon les cas) les personnes ou instances extérieures directement concernées par le problème en cause. Ainsi contribueront-elles à l'indispensable désenclavement de la psychiatrie et favoriseront-elles sa reconnaissance par la collectivité comme psychiatrie « de service public » : *au service du public.*

Éthique et psychiatrie

La psychiatrie publique est en crise. Elle aborde un moment capital de son histoire, et le tournant qu'il lui faut négocier s'annonce plutôt raide. Sans les quelques transformations structurelles dont elle vient *in extremis* de bénéficier, elle eût à coup sûr été incapable d'affronter l'épreuve. Mais il reste ce très lourd passif à éponger ; et le contexte général n'est pas des plus encourageants...

Aussi est-il plus que jamais nécessaire de rappeler ces simples évidences : que les contradictions et les carences de l'institution psychiatrique reflètent les contradictions et les carences de l'institution sociale (dans ses réalités comme dans son imaginaire), que toute mise en question de la psychiatrie renvoie à une mise en question de la société, et que nous sommes tous, soignants et non-soignants, concrètement impliqués dans l'évolution de cette société. Chacun à sa façon, selon la place où il se trouve et les moyens dont il dispose : dans ses propos comme dans ses actes – et déjà, fondamentalement, dans la qualité du regard qu'il porte sur ses semblables.

Une société ne vaut que dans la mesure où elle se cultive. Cette culture vivante, cette culture au présent, c'est au fil de nos échanges les plus quotidiens qu'elle se tisse, ou ne se tisse pas : selon que nous nous faisons sujets pour rencontrer les autres en tant que sujets, ou que nous projetons sur eux notre propre choix de la démission, notre propre renoncement à toute forme de praxis sociale. Ainsi n'y aurait-il qu'imposture à réclamer (par exemple...) une meilleure psychiatrie, tout en persistant à considérer que cette amélioration dépend exclusivement de l'État et des catégories professionnelles concernées.

Nous ne sommes évidemment pas responsables de la psychiatrie d'hier : mais nous le sommes déjà quelque peu de son degré de persistance dans le présent, et nous le serons davantage, demain, de ce qu'elle aura pu devenir.

Il s'agit donc, avant tout, d'un *problème socioculturel,* à la solution duquel chaque citoyen peut contribuer : en s'efforçant précisément de récupérer la plénitude de sa citoyenneté, en retrouvant le goût d'une action transformatrice sur son environnement. Dans nos systèmes démocratiques, toutefois, où le citoyen délègue à des représentants une partie de son pouvoir social (jusqu'à oublier trop souvent d'utiliser la partie restante), ce problème socioculturel se redouble d'un *problème politique.*

S'il serait excessivement naïf d'attendre de l'État qu'il agisse à notre place et qu'il nous socialise, en somme, en notre absence, il le serait tout autant de ne plus compter que sur nos praxis locales, en laissant au pouvoir politique toute latitude de répondre, seul, aux seules questions qu'il a choisi de se poser. Car les décisions qui en résultent risquent souvent de restreindre, parfois même de réduire à néant, la marge d'initiative nécessaire à toute progression sur le terrain ; cependant qu'une totale absence de prise de position, sur des points importants, peut maintenir les instances intermédiaires dans une expectative paralysante, qui ne tarde pas à se répercuter sur le travail à la base.

Ce problème est politique : ne nous hâtons pas de le « politiser ». Pas avant, tout au moins, d'avoir observé que le *pouvoir politique,* qu'il soit de gauche ou de droite, souffre toujours d'un handicap essentiel : la distance qui le sépare des situations socioculturelles et des pratiques concrètes concernées par ses décisions. Sans doute cette distance peut-elle varier sensiblement selon les orientations idéologiques, la concertation avec les intéressés n'étant pas toujours inscrite au premier rang des préoccupations gouvernementales. Mais il semble qu'on n'a pas fini de mesurer à quel point une certaine *qualité d'information* peut faire défaut à un ministre, quel qu'il soit, au moment de telle ou telle prise de décision. Les lacunes de cet ordre mériteraient une analyse approfondie, dont je n'ai pas ici les moyens. Leur plus sérieuse incidence paraît en tout cas se situer, pour chaque décision, au niveau du rapport entre ce qu'elle impose et ce qu'elle suggère, entre le cadre qu'elle détermine au plan national et l'espace qui y demeure disponible pour les initiatives locales. Un mauvais dosage entre ces deux exigences suffit en effet à rendre plus ou moins inopérante, parfois même nocive, telle mesure dont le principe était parfaitement valable.

Contre quoi je n'imagine guère que deux remèdes qui soient à la portée des décideurs : *1)* inciter les instances intermédiaires à faire circuler l'information dans les deux sens, quand elles croient devoir se borner à répercuter vers la base les décisions prises au sommet ; *2)* rendre l'Administration centrale plus mobile, de telle sorte que les responsables des services puissent aller s'informer sur le terrain dans tous les cas où la lecture d'un dossier ne leur paraît pas suffisante. Encore cela supposerait-il qu'on fasse l'effort, à tous les niveaux, de repenser la notion même de l'information : c'est-à-dire qu'on ne se contente plus de véhiculer d'abstraites comptabilisations ou de s'entretenir avec le DDASS et le directeur du CHS pour situer les problèmes de sectorisation d'un département.

Car ces problèmes sont avant tout d'ordre humain, et l'information la plus essentielle touche à la façon dont chaque mesure nouvelle est vécue par l'ensemble des personnes concernées : les a-t-on laissées aux prises avec une consigne de plus, à suivre aveuglément, ou leur a-t-on fourni une occasion de donner plus de sens à leur activité professionnelle ? On ne favorise pas une évolution positive en en soumettant les acteurs à la rigidité d'un carcan, en croyant pouvoir les manipuler comme des marionnettes. Tout comme la multiplication des contrôles et l'excès de discipline accroissent l'absentéisme en voulant accroître le rendement, les décisions les plus mal exécutées sont toujours celles qui prétendent s'adresser à de purs exécutants.

*

Reste qu'il faut une politique nationale, et que son orientation ne saurait être indifférente.

Il s'agit d'un *service public.* On devra donc exiger qu'il reste sous le contrôle des pouvoirs publics, et que ceux-ci veillent à lui fournir les moyens nécessaires à son fonctionnement.

Il s'agit d'un service public *de psychiatrie.* Or la psychiatrie est officiellement rattachée à la médecine, dont la tutelle administrative est plus ou moins vacillante : la « Santé » a parfois droit à un ministre, mais il lui faut souvent se contenter d'un secrétaire d'État ou d'un ministre-délégué. Et la « santé mentale », au sein de cet ensemble très médicalisé, n'a pas même droit à une « direction » spécifique. Il est urgent de réviser cette situation.

Une *psychiatrie de service public* ne peut enfin se fonder que sur un choix délibéré entre deux optiques incompatibles : celle d'une simple gestion des maladies mentales [1] et celle d'un instrument thérapeutique mis au service d'une population. Entre la technocratie et l'éthique, entre la soumission au règne de l'Objet et l'exigence de sens, c'est bien un choix radical qui se propose à nous : globalement considérée, la conjoncture ne semble pas telle que nous puissions, longtemps encore, le remettre à plus tard.

*

Problème d'éthique, donc ; de pari sur les ressources humaines : sur la possibilité que nous avons de donner sens, ensemble, à ce que nous entreprenons. Problème de responsabilisation, personnelle, professionnelle et sociale. Problème de désaliénation progressive, de déconditionnement, de déchronicisation...

En psychiatrie comme en bien d'autres domaines, nous avons aujourd'hui à faire notre deuil d'une période finissante, de ses facilités bien sûr, mais aussi des agents de cancérisation qui la travaillaient déjà. Il faut réussir ce deuil ; il faut dépasser ce qui a été sans pour autant le condamner, il faut assurer aujourd'hui

1. Trop souvent assortie du camouflage, et de l'illusoire réparation, de certaines carences de notre système social.

et préparer demain sans se tenir coupable d'hier. Un défi nous est lancé : saurons-nous voir dans cette crise multiforme une chance de ressaisissement, dans ce tournant qui nous est imposé la fin d'une longue torpeur, l'amorce d'une renaissance ?

Post-scriptum

Au moment où il me faut retourner à l'éditeur les épreuves de ce livre, qui ne sera pas en librairie avant le mois de septembre, la doctrine ministérielle concernant la psychiatrie n'a toujours pas été officiellement déclarée. Selon de récentes informations, fournies par *Libération* (30 mars) et *le Monde* (22 avril), Mme Michèle Barzach est depuis quatre mois en possession d'un « rapport global » établi sur sa demande par le docteur François Zambrowski « en vue d'une redistribution générale de la politique de santé mentale ». Interrogée à ce propos, elle a d'ailleurs indiqué que le moment ne lui semblait pas encore venu de publier ce texte, à la fois parce que les propositions qu'il contient ne sont pas toutes susceptibles d'une mise en pratique immédiate, et parce qu'elle souhaite procéder elle-même « à une vaste concertation sur le problème de la psychiatrie » : « Ce n'est qu'ensuite, avant la fin de l'année en tout cas, que j'arrêterai un certain nombre de décisions concrètes. »

A s'en tenir aux quelques précisions fournies par ceux qui ont pu consulter le rapport (« Moderniser et diversifier les modes de prise en charge de la psychiatrie française »), son orientation générale est entièrement favorable à la sectorisation psychiatrique et à sa légalisation par la loi du 25 juillet 1985. Apparemment silencieux sur les importantes dispositions concrètes intervenues entre 1983 et 1986, et sans lesquelles cette législation fût demeurée lettre morte, c'est sur d'autres points qu'il fait porter l'exigence d'un « dépoussiérage » : la loi de 1838 et l'article 64 du Code pénal de 1810 sont ici visés en priorité.

Quant au premier de ces deux textes, toutefois, les 75,06 %

de psychiatres qui déclaraient ne pas souhaiter son abrogation (enquête publiée en septembre 1986 par *l'Information psychiatrique*) peuvent se rassurer : le rapport préconise en effet une réforme *a minima* (réactualisation de la terminologie et aménagement de certaines procédures). Et pour le second, il ne lui est pas reproché son effet de désocialisation radicale du prévenu, mais seulement de créer un vide juridique (la décision de non-lieu équivalant à une libération) : il suffira donc d'y adjoindre la mention explicite des mesures de soins sous contrainte que déclenche en fait le recours à cet article 64...

Plus concrètement, il semble que le rapport propose différentes mesures en vue d'inciter les CHS à se restructurer, et d'instaurer une plus grande souplesse dans leur fonctionnement. Psychiatre privé, son auteur n'en manifeste pas moins le souci dc voir la psychiatrie publique échapper à l'immobilisme. Mais il tient à l'en prévenir : si elle échouait à se restructurer *« la psychiatrie privée, et notamment associative, devrait être en mesure de suppléer le service public défaillant, qui se verrait alors prélever des moyens, afin que les prestations nécessaires aux besoins de santé mentale non satisfaits puissent être apportées par d'autres que lui »*.

Ignorant le contenu des mesures incitatives proposées par le docteur Zambrowski, je me bornerai à dire que c'est en tout cas sur ce plan-là que les « décisions concrètes » annoncées par l'autorité ministérielle révéleront leur véritable signification : ou bien elles constitueront un ensemble cohérent, susceptible d'encourager toute démarche concrète de sectorisation par des interventions efficaces aux différents niveaux intermédiaires ; ou bien elles se borneront à quelques mesures disparates, assorties de deux ou trois recommandations de principe. Dans la seconde hypothèse, on comprendra qu'un « service public défaillant » est appelé à fournir le plus sûr argument pour une privatisation de la psychiatrie.

Il faut être clair : on ne peut à la fois se déclarer partisan de la sectorisation et, dans la période la plus décisive, laisser indéfiniment en suspens la relance dont elle venait de bénéficier. Quand l'orientation générale cesse de s'affirmer, trop de blocages se reconstituent, trop de responsables se démobilisent – et c'est aux hommes de terrain, une fois de plus, que revient le triste honneur de limiter les dégâts, de s'acharner à remonter la pente, d'inventer malgré tout. Rien ne permet de penser qu'ils accepteront longtemps encore, soignants de toutes catégories confrontés à de dures souffrances, de n'en demeurer pas moins de simples pions sur l'échiquier d'une douteuse politique.

30 avril 1987.

Table

Mode d'emploi 9

I Le tournant

1. Le balisage par les structures 15
2. Les conditions sur le terrain 39

II Les priorités

1. Résorption du passif hospitalier 79
2. Implantation extra-hospitalière 93
3. Politiques du soin et problèmes de gestion 103

III Problèmes de formation

1. Formation des infirmiers 113
2. Formation des psychiatres 125

IV Propositions

1. Sur la notion de maladie mentale, la psychogenèse, l'intégration psychique et la fonction-sujet 135

2. Sur la nature du savoir psychiatrique et les problèmes de la recherche 191

Éthique et psychiatrie 209

Post-scriptum 215

CET OUVRAGE A ÉTÉ COMPOSÉ ET ACHEVÉ D'IMPRIMER
PAR L'IMPRIMERIE FLOCH À MAYENNE
DÉPÔT LÉGAL : SEPTEMBRE 1987. N° 9751 (25426)